纪念徐子荣同志诞辰一百一十周年

徐子荣画传

主　编　徐清漳

副主编　郝大勇

群众出版社

二〇一七年·北京

图书在版编目（CIP）数据

徐子荣画传 / 徐清漳主编. -- 北京：群众出版社，
2017.9
ISBN 978-7-5014-5131-9

Ⅰ.①徐… Ⅱ.①徐… Ⅲ.①徐子荣（1907~1969）
-传记-画册 Ⅳ.①K827=7

中国版本图书馆CIP数据核字(2013)第099966号

徐子荣画传

徐清漳　主编

出版发行：群众出版社

地　　址：北京市丰台区方庄芳星园三区15号楼

邮政编码：100078

印　　刷：北京利丰雅高长城印刷有限公司

版　　次：2017年9月第1版

印　　次：2017年9月第1次

印　　张：15.75印张

开　　本：889毫米×1194毫米　1/16

字　　数：350千字

书　　号：ISBN 978-7-5014-5131-9

定　　价：120.00元

网　　址：www.qzcbs.com

电子邮箱：qzcbs@163.com

营销中心电话：010-83903254

读者服务部电话（门市）：010-83903257

警官读者俱乐部电话（网购、邮购）：010-83903253

综合图书分社电话：010-83901870

徐子荣

1907年12月1日——1969年6月20日

徐子荣同志在他的办公室

因工作职责所需，徐子荣办公室和家中都装有加密普通电话、39局红机、载波电话、公安黄机专线，以确保重要情况（信息）及时、畅通、安全

徐子荣《我的历史经历》手迹

我的历史　简历

一、一九〇六年到一九二八年。家庭，学校，参加革命，参加党。

前 言

　　2015年8月，经公安部批准，为曾在公安部工作，参加过土地革命、抗日战争、解放战争的老部领导出版传记类图书。他们亲历和见证了我党和新中国公安保卫工作的成长和发展，是公安部的宝贵精神财富，编辑出版这些老领导的传记图书，将这笔宝贵精神财富传诸史册，贻教后人，丰富公安历史研究是十分有意义的。

　　徐子荣同志是我国公安保卫战线的卓越领导人，今年恰逢徐子荣同志诞辰110周年，为纪念和缅怀他对公安保卫工作作出的历史性贡献，我们按照公安部的部署编辑了《徐子荣画传》，收录了他在各个历史时期的革命活动中保存下来的珍贵照片，并配以简要文字说明，展现了徐子荣"国际悲歌歌一曲，狂飙为我从天落"可歌可泣、艰苦卓绝、苦难辉煌的一生。

　　孟子曰："故天将降大任于是人也，必先苦其心志，劳其筋骨，饿其体肤，空乏其身。"徐子荣从中学时代就立下为天下劳苦大众翻身解放而奋斗的志向，为此，他放弃了衣食无忧的生活条件，走向荆棘丛生、曲折坎坷的道路。徐子荣的人生磨砺已经超出孟子所言，为了所追求的理想到了奋不顾身、九死而不悔的境界。徐子荣是大革命时期的老革命、老党员，参加和领导了三次确山农民暴动、动，受到腐朽顽固势力的疯狂镇压和白色恐怖的追杀，他甘冒杀头坐牢的危险，在反动军警特眼皮下从事党的秘密工作，在敌人的监狱里坚持斗争数年，表现出了共产党人可贵的气节。抗日战争中，他深入敌后，在日伪顽残酷围剿和极其恶劣的生存环境下，从事太行、豫西两个抗日根据地的建立，组织发动群众打击侵略者。在解放战争中，徐子荣多次身陷绝境，孤军奋战，镇定自若率部对抗强敌，创造了震惊中外的"中原突围"军事奇迹。为了夺取全国胜利，徐子荣和他的英雄部队一刻不停地奔赴在全国五大战区，取得了一个又一个的辉煌胜利。硝烟未散，征尘未洗，新中国刚刚成立，徐子荣就奉命奔赴北京，担起了保卫新生政权的重任。

和平了，解放了，人人都向往幸福安宁的生活，徐子荣却深知公安保卫工作重担的分量，十七年如一日，日夜操劳，殚精竭虑，为新中国人民公安事业献出了毕生精力。

徐子荣一生光明磊落，处处以党和人民的利益为重，反对把人民内部的问题按照敌我性质处理，防止阶级斗争扩大化；他一贯坚持实事求是，反对任何形式的弄虚作假，浮夸跟风；他两袖清风，一身正气，对那些以功劳自居，讲享受、搞腐化的人执行纪律毫不容情；他严于律己，淡泊名利，鄙视那些偷机钻营、曲意逢迎的势利小人。在"文化大革命"中遭到一小撮奸佞之人的暗算和迫害，被投入监狱，身受百般折磨。一个对党和人民赤胆忠心，无怨无悔地奋斗一辈子的人，却"背后中弹"，最后惨死狱中，以烈焰升腾，凤凰涅槃的方式献出宝贵的生命。

革命前辈为了坚守初衷，不惜面对人世间的所有苦难，真正做到了一不怕苦、二不怕死，我们无比敬仰和钦佩这些革命前辈对历史必然和沧桑正道所表现出的那种坚韧不拔、无私忘我、正气凛然、视死如归的气魄和胆略。革命前辈就是我们的旗帜和明镜，我们就是要以前辈为榜样，继承和发扬他们宝贵的精神财富，时刻激励和警示自己，志存高远，艰苦奋斗，顽强拼搏，淡泊明志，坚定不移地沿着老一辈共产党人为之奋斗的目标前进，为实现中华民族伟大复兴的中国梦而努力奋斗！

编　者

2017年8月

目录

大革命时期

一 掀起农运风暴

1907年12月1日，徐子荣出生于河南省确山县古城乡傅楼村一户家道中落的地主家庭。这个家庭几代都是单传，到徐子荣这一代，共有兄弟姐妹八人。父亲徐广建在家不务世事，母亲王赛为人厚道，常常济危解困，堪为乡人称道。

徐子荣少年时期在家读过四年私塾，教书的老秀才是杨靖宇（原名马尚德）的外祖父。徐子荣和杨靖宇是同乡，从小一起念书，结为要好的朋友，后又一同走上革命道路。

少年时期的徐子荣

抗日民族英雄、东北抗联的主要创建者杨靖宇将军生前唯一的照片。因和杨靖宇从小是朋友，又是出生入死的战友，徐子荣一直将这张照片珍藏着

1922年，徐子荣考取确山第一高小。1924年，就读于开封省立甲种农业学校。

1926年，大革命处于高潮，为了迎接北伐军的到来，省城开封的共产党人组织进步学生停学罢课，到农村进行革命的宣传鼓动。徐子荣于当年冬回到确山老家，参加了三次农民暴动。徐子荣回忆他参加革命的经历时曾说："我参加革命在当时是受了社会、革命形势和进步同学三方面的影响。"

1926年12月，第一次确山农民暴动爆发，成千上万的农会（又称光旦会）会员和红枪会会员一举攻克了县城，赶跑了伪县长，成立了治安委员会、县党部、农民自卫队，其声势之浩大，引起了国内外震动。"确山治安委员会"是第一次国内革命时期，中国共产党直接领导创立的第一个县级工农革命政权。英国《泰晤士报》给予了报道，称中国河南成立"工农苏维埃"政权，引起了苏联领袖斯大林的关注。

1927年4月，国民党背叛革命，大肆缉捕屠杀共产党人。7月，徐子荣在"宁肯错杀一千，也不放过一个共党分子"的白色恐怖下，经共产党人李鸣岐和杨靖宇的介绍，毅然决然地加入了中国共产党。

1927年12月，为了响应党的"八七会议"决议，确山爆发了第二次农民暴动即"刘店秋收起义"，在豫南大地，打响了武装对抗国民党反动派的第一枪，拉开了河南土地革命战争的序幕。"刘店秋收起义"引起了国民党的恐慌，当局调动军队和宪兵疯狂地进行镇压，农民暴动主要领导人在战斗中负伤或牺牲，起义队伍被迫转移到四望山打游击。徐子荣和一些同志继续留在当地坚持斗争。

1928年夏，已经担任确山县县委书记的徐子荣又组织发起了第三次农民暴动。

在家乡参加农民运动和起义暴动的徐子荣与农民运动的领导人李鸣岐（右）、刘达士（左）的合影

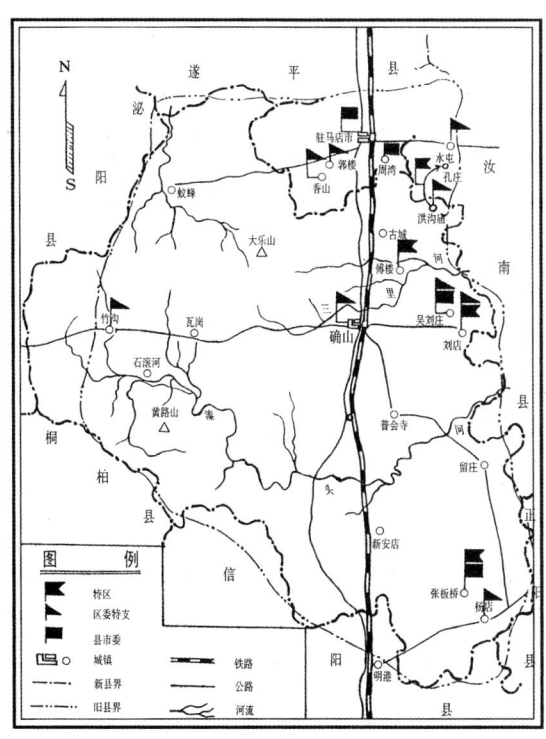

土地革命战争时期确山党组织分布示意图（1927-1928）

确山农协会、红枪会热烈欢迎北伐军

在开封上学时，徐子荣同进步学生的合影

由于缺乏斗争经验，敌我力量过于悬殊，确山的共产党组织遭受很大的损失，徐子荣的领导和战友依然不怕牺牲、前仆后继地坚持斗争在最前线，许多同志献出了年轻的生命。徐子荣因多次参加并组织农民暴动，被国民党当局多次通缉，但他两次都侥幸逃脱，最后不得不被迫转移，离开了家乡。

三次农民暴动的领导人杨靖宇、李鸣岐、王克新、张家铎、刘达士、张跃昶、梅春普等，都和徐子荣结下了深厚的战友情谊，只是他们大多数都没能看到革命的最终胜利，就献出了宝贵的生命。

杨靖宇

河南确山县人。1925年加入中国共产党，是确山三次农民暴动的重要领导人，担任过确山农民革命总指挥、农会会长、县治安委员。杨靖宇是徐子荣的同窗好友，又是徐子荣的战友和入党介绍人。

1929年，在家乡同徐子荣分手后，两人天各一方，再也没有见面。直到解放初期，徐子荣在东北参观杨靖宇革命事迹展览时，从照片辨识出杨靖宇原来就是自己的挚友马尚德。至此，杨靖宇的身世才被彻底搞清楚。

李鸣岐

河南确山人，1925年加入中国共产党，同年入黄埔军校四期。1927年4月，回到家乡投入轰轰烈烈的农民运动，先后担任县治安总队长、确山县革命委员会主席、豫南革委会宣传部长、革命军党代表。1928年5月，作为河南省的唯一代表，出席了在莫斯科召开的中共"六大"，回国后继续在河南省委工作。1931年不幸被捕入狱，后被敌人杀害。李鸣岐在确山搞农运，一段时间就住在徐子荣家，两人经常彻夜长谈。徐子荣十分钦佩李鸣岐的才学志向，李鸣岐也有意对徐子荣加以培养，成为徐的入党介绍人。

王克新

河北井陉人，河南早期工人运动和农民运动杰出的领导人。1923年加入中国共产党，历任中共豫陕区区委，河南省委委员、组织部长、农民部长，豫南特委书记。1927年，在率领农民革命军发动刘店秋收起义作战中不幸中弹牺牲。1953年，毛主席在天安门上与徐子荣见面，得知徐子荣是河南确山人后，特意问到了王克新。毛泽东对王克新当年提出的"爆发游击战争"和"必须找一形势甚佳、可战可守之根据地，作为经常斗争之中心"的见解印象深刻，称他是党内最早提出"枪杆子里面出政权"的人。

二 白区和狱中的斗争

  1929年，为了避开国民党特务的抓捕，徐子荣进入北平郁文大学，后又转入民国大学，以学生的身份从事学运、参加"左联"和党的地下工作。"九一八"事变前，为了唤醒民众，他担负的任务是宣传组织群众、张贴标语、散发传单、举行集会；"九一八"事变后，他积极组织游行示威，开展抗日活动。

徐子荣（后排左一）在北平从事学联活动与同学合影

1932年8月1日，因叛徒出卖，徐子荣在一次抗日集会上被国民党侦缉队抓捕，并从他身上搜到标语传单，因此被判刑六年，关押在国民党北平军人反省院，即草岚子监狱。

在狱中，被关押的共产党员秘密成立了党支部，针锋相对地同监狱的"反省政策"进行不屈不挠的斗争。为了改善狱中的生活条件，他们绝食七天，以超人的毅力迫使狱方妥协。在狱中，他们还组织支部党员抓紧学习马克思主义理论和党的方针策略。数年间，徐子荣精读了《共产党宣言》《资本论》，掌握了唯物论和辩证法，还特别研读了中国农民起义的历史和经验教训，大大提高了他的理论水平和思想境界。

草岚子监狱正在放风的政治犯

『一个讨厌的东西』

冈夫 作于1933—1934年

在垂死的挣扎下——反动统治阶级，
像一条被驱逐的野猪，
意识了它命定的灭亡，
蛮逞着最大的疯狂与残暴。

大规模烧杀的军事围剿之外，
还有遍布国中无数人满为患的监牢，
整个俨然存在的政权和法律，
正是一套互为勾连的屠宰机器。

被视为最可恶的驱猪汉的政治犯，
绞架或活埋才是他们应得的报酬。
如果留有活命那并非吝惜一颗枪弹啊，
却因为要在他们身上剥出七层油皮。

反省院就这样巧妙地成立了，
那是怎样一个福地，也就不难推想而知；
日帝国主义者轰炸机君临平津的时候，
在我们装有电网的围墙外，高垒了填沙的麻袋。

有一天，
我那从未被宣判过的徒刑，
竟然满期了。
——放走吧！
——满是满了，可还要点手续。
——什么手续？
——不悔过，不登报，可是不能走啊！

满是满了，
可是不能走啊！
一日、两日、三日，
一周、两周、三周。
亲戚朋友来探讯。
——不反省，不悔过，共产中坚分子啊！
民众团体来质问。
——不悔过、不登报，自愿的坐牢啊！
一月、两月、三月，
一年、两年、三年……

于是一些诧异和责怪，
又把受骗的矛头掉转了头，
掺和着同情的劝慰和恳求啊，
以及那天真而愚昧的眼泪。

真是呀，执拗的人！在那砸不开的铁门的侧面，
不是有那"转变"的门儿恩典地打开？
任判十年二十年也可以飘飘然走出，
只要你手指轻轻一转，签署人家那么个条文。

于是……报端忽然有特号大字出现，
"共产党又来了杀人放火。"
于是一批青年志士忽然哭告于天下，
"一时受愚啊，误入歧途。"
有时候中国的经济性质也忽然改变；
忽然间工农大众都成了该死的赤匪；
忽然间什么——苏维埃政权，

"特别是不适宜于现代的中国……"

哈！请看那傀儡偏戏如何卑劣地串成，
威胁与利诱，双撼着叛逆的奸心。
岂但是铁镣、皮鞭、臭虫和尿桶都扮演这凶横的角色，
就连那瘦骨伶仃的白菜稀汤也滑稽地帮腔。

而昨天坐小轿车而来的审判官，
正是"投诚"过去的新贵，
更把乌纱帽一顶摆在赌案上，
——朋友呀，偏你要拿一条死命作孤注？！

何怪乎从一些人面畜生口里，
挑逗出血狞狞反噬的獠牙！
却也多有一些可怜虫，
抱一颗被奸污的残心，屈辱地爬出。

在最后，一个朋友
女国民党员走来，
带着公的和私的
两重使命。
灿烂的言词与
灿烂的衣饰，
相映而辉煌。
左说左有理，
右说右有理，
狱吏和狱丁，
齐点头而赞叹。
顽钝的我，
应对，
却如木挺似地
粗糙又生涩；
但是吐纳着真理的呼吸，
并不费力也就轻轻地
吹散那些斑斓的纸花；
当着燃起愤怒的火焰，
我的话却使人惊骇而发烧。
一次、两次、三四次，连"最后的忠告"，
也被谢绝了。
绝望了。只从
空气中传来批判：
"一个讨厌的东西！"
哈哈，
真个讨厌吗？
我却想，
我们俩都很公平：
握手的时候握手，
开枪的时候开枪。

注：王玉堂（笔名冈夫），1932年因发表抗日诗作，被关进草岚子监狱，在狱中受共产党人斗争精神的感染，从一个进步青年转变为共产党员。他用诗歌反映了狱中共产党人同敌人进行的不屈不挠的斗争。

狱中的这些共产党人，用人格力量感化了一些狱卒，利用他们与外界保持着联系。根据时局的发展，中共北方局急需这批经过考验的干部出狱工作，便通过各种渠道向狱中传递信息，指示这些同志应按照当局规定，办理出狱的手续。狱中支部在难以判断信息真伪的情况下，曾予以拒绝执行。后经中共北方局再三指示，并说明这是中共北方局书记胡服（刘少奇）同志报经中央批准的，狱中支部才最终打消了顾虑，按指示办理了出狱手续。

中共北方局向狱中支部传递的信文两封

其一

老兄：

　　目前形势下，急需大批党员干部开拓革命新局面。经北方局研究并报中央批准，狱中党员都可按照敌人规定的出狱手续出狱，望尽快办理。请不要有任何顾虑，早日出狱为党工作。

　　切切。

老孔

其二

老兄：

　　党组织营救你们出狱，是在执行中央的决定。上次给你们的信，是中央代表胡服的指示。信去后，已经几个月了，未见你们动静。胡服同志代表北方局让再给你们写这封信，并作如下指示：根据新的政治形势和任务的需要，考虑到你们是经过长期斗争考验的，党认为，为了争取你们尽快出来为党工作，你们不但可以，而且必须履行敌人的出狱手续，只有这样做才符合党的最大利益。党认为你们过去坚持不在敌人《反共启事》上捺手印，做得完全正确。但是现在在敌人的《反共启事》上捺手印，也是完全正确的。因为，形势已经发生了变化。你们那时的斗争，是小圈子、小范围内的斗争，现在要求你们出来在广阔范围内作斗争。正因为你们是经过长期斗争考验的，所以你们更有条件，这是特定条件下所作的决定，不是常例。党相信你们，现在向你们作出保证：在政治上和组织上中央完全负责，你们一定要相信中央。如果你们接此信后，仍然拒不执行，就要犯更大、更严重的错误！

　　外面也正在想办法，向反省分院的上级活动，以求取得支持，并将找一个进步人士打入反省分院，帮助你们早日出狱。

　　北方局要求你们，见信立即执行！

老孔

说明："老兄"是狱中党员之间的称谓，"老孔"即孔祥祯，因保外就医提前出狱。为了保密，信文是用俄文书写的。

原文引自智西乐：《战将韩钧》 群众出版社 2012年11月第1版第15页、第17页。

履行出狱手续的共有53名同志,都有狱中支部的组织关系。出狱后,除一部分同志随薄一波到山西工作外,其他同志被组织分派到了全国各地。这批出狱的共产党员是经中央批准、被组织营救出狱的,这些情况党的"七大"、"八大"和历次审干中都有报备。

　　1943年冬,薄一波同志到延安向毛泽东详细汇报了草岚子监狱的斗争情况和出狱经过,一年后又致信毛泽东,详细列上了53位出狱同志名单。

　　毛泽东阅后批示:**"北方出狱干部,一九四五年一月　薄一波写出　存。"**

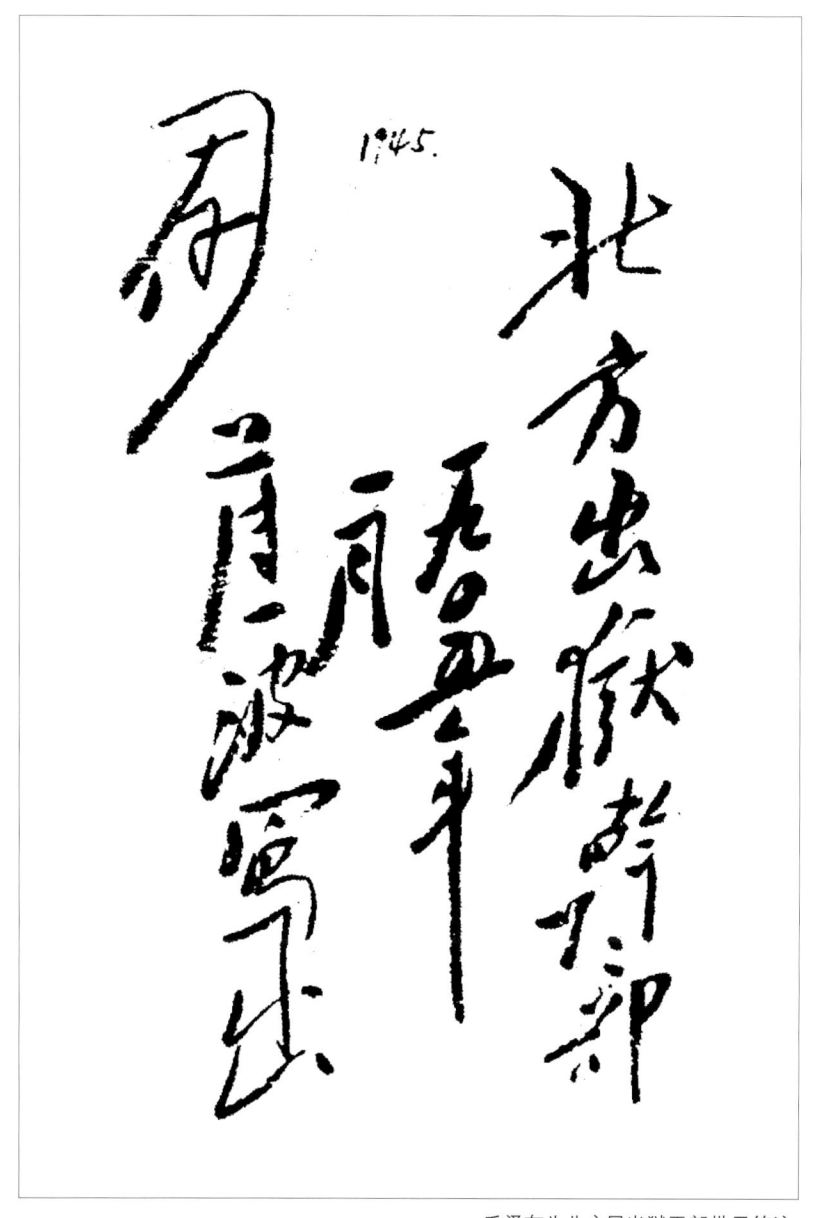

毛泽东为北方局出狱干部批示笔迹

1936 年经党组织营救出狱的人员名单

薄一波	安子文	刘澜涛	杨献珍	殷 鉴	董天知	张友清	赵 镈	廖鲁言
张漫萍	马玉堂	仙维勋	夏福海	殷明道	王振林	韩 钧	张 玺	李力果
徐子荣	胡锡奎	刘锡五	王其梅	侯振亚	王新坡	赵明新	刘文蔚	刘慎之
胡敬一	周 庠	赵 林	李楚离	刘有光	王鹤峰	傅雨田	王 德	周仲英
刘子久	马辉之	彭 德	刘聚奎	刘尚之	贺致平	吴云夫	王玉堂	刘 昭
张振声	唐方雷	冯乐进	朱则民	邱少山	杜伯阳	刘克让	乔健双	

1950年2月，带着新中国刚刚诞生的喜悦，14年前一同被国民党反动派关押在草岚子监狱的战友故地相聚，在草岚子监狱合影留念
第一排左起：刘子久、杨献珍、胡锡奎、王鹤峰、刘昭、刘澜涛、安子文、徐子荣、薄一波、冯基平
第二排左起：胡敬一、刘元士、周仲英、王德、廖鲁言

这幅合影摄于1960年4月12日，杨献珍同志珍藏并亲笔记载参照人的名单
前排自左至右：刘元士、刘元士之女、马辉之、刘锡五、安子文、刘亚雄、刘澜涛、胡锡奎、杨献珍、薄一波、孔祥祯、王玉堂、
后排自左至右：刘竞雄（安子文妻）、刘素菲（刘澜涛妻）、廖鲁言、胡明（薄一波妻）、朱则民、刘子久、胡敬一、冯基平、王其梅、彭德

1961年6月，草岚子监狱中的部分战友合影
前排左起：朱则民、马辉之、王玉堂、徐子荣、刘亚雄、刘锡五、廖鲁言、孔祥祯、魏文伯、薄一波、安子文、刘澜涛、周仲英、胡锡奎、冯基平

（一）在抗日战争和解放战争牺牲的部分烈士

殷 鉴

1904年生，湖北黄冈人，1926年赴莫斯科中山大学学习。1931年回国重建河北省委，同年被捕，曾任狱中党支部书记。出狱后由于身体过度虚弱，于1937年去世。他是所有出狱的难友中最早离世、资格最老的党员。

董天知

1911年生，河南荥阳人，1930年入党，1931年被捕。出狱后任山西决死三纵队政委，1940年8月在百团大战中壮烈牺牲。

张友清

1904年生，陕西神木人，1925年入党。1931年6月被捕。出狱后任山西工委书记、省委书记、北方局秘书长、八路军总部秘书长，1942年在太行反"扫荡"中被日军俘获，在太原日本集中营被折磨致死。

张漫萍

1910年生，河南荥阳人，1932年被捕，在狱中入党，出狱后任蚌埠工委书记，1947年8月被敌人逮捕后杀害。

马玉堂

1910年生，河北藁城人，1926年入党。出狱后曾任冀南军区四分区司令员，渤海军区司令员，1940年遭日军袭击壮烈牺牲。

赵 镈

1906年生，陕西府谷人，1926年入党，黄埔六期。1931年6月被捕，在狱中任过支部书记，出狱后任鲁南区党委书记兼政委，1941年11月不幸落入国民党手中英勇就义。

（二）新中国成立后积劳成疾病逝的同志

韩 钧

1912年生，河南新安人，1932年被捕，同年在狱中由团转党。出狱后任决死二纵队队长、西北军区军分区司令员、太岳四纵副司令、北京市军管会秘书长，1949年3月逝世。

张 玺

1912年生，河北平乡人，1932年被捕，1934年在狱中由团转党。出狱后任太南区党委书记、豫西区党委书记、河南省委书记兼军区政委。新中国成立后任国家计委副主任，"八大"中央候补委员。1959年病逝。

李力果

1907年生，陕西米脂人，1927年入党，参加过北伐，任皖北苏维埃副主席，1931年被捕。出狱后任决死四纵队政治部主任，东北局城工部副部长。新中国成立后任一机部副部长，1959年病逝。

　　《草岚春秋》翔实地记述了从草岚监狱走出来的共产党人面对敌人大义凛然、威武不屈的英雄事迹，揭示了这批共产党人在"文革"中背负"六十一人叛徒集团"莫须有的罪名，再次坠入牢门，惨遭身心摧残的历史悲情，以及当时翻云覆雨、指鹿为马的政治阴谋。

（三）"文革"中被迫害致死的同志

廖鲁言

1913年生，江苏南京人，1932年入党，曾任北平左联组织部长等职，1932年被捕。出狱后到山西从事抗战工作，曾任刘少奇秘书，中央政策研究室副主任。新中国成立后，任农业部部长，中共"七大"代表和"八大"中央候补委员，1972年被迫害而死。

徐子荣

1907年生，河南确山人，1927年入党。1932年至1936年关入国民党牢狱，在狱中因长期饥饿，阴暗潮湿，身戴重镣，落下了肺病、眼疾和皮肤病。出狱后，由于条件所限，这些疾病一直伴随他转战南北，直到解放后经过医治才痊愈。新中国成立后，任公安部常务副部长，1969年6月被迫害致死。

胡锡奎

1896年生，湖北孝感人，1925年入党，1926年赴莫斯科中山大学学习，1928年在苏联参加中共"六大"。回国后任北平市委书记，天津代理书记。1931年被捕，出狱后任天津市委书记，热河省委书记，辽西省委书记，新中国成立后任中国人民大学党组书记，副校长。1970年2月被迫害致死。

刘锡五

1904年生，河南孟县人。1925年入党，曾在河南、上海、东北从事党的工作，1931年7月被捕。出狱后任北方局组织部长、嫩江省委书记、东北局组织部长。新中国成立后，任中共中央监委副书记。1970年2月被迫害致死。

王其梅

1913年生，湖南桃源人。1933年入党，1936年3月被捕。出狱后任十八军副政委、西藏军区副政委、西藏工委副书记、西藏自治区书记。1955年授予少将军衔。1967年8月被迫害致死。

侯振亚

1912年生，河北沙河人。1930年入党，1931年9月被捕。出狱后先后在山西、太岳等地工作，后任福建省委组织部副部长、部长，省委书记处书记。1974年8月被迫害致死。

王新坡

1913年生，河北蓟县人，1931年加入共青团，1932年被捕，1934年在狱中转为党员。出狱后曾先后在豫北、苏北、东北等地工作。新中国成立后曾任大庆工委常委，油田会战副指挥。1975年12月被迫害致死。

赵明新

1914年出生，山东乐陵人。1931年入共青团，1932年8月被捕，1935年8月在狱中转为党员。出狱后任济南市委书记，第一汽车制造厂党委书记，中国科学院华东分院院长、书记。1967年1月被迫害致死。

刘文蔚

1905年生，陕西神木县人，1927年入党，原任太原市委秘书长，1930年4月被捕。出狱后曾任中共西北局统战部副部长，陕西省政协副主席、陕西省总工会主席。1976年含冤而逝。

胡敬一

1902年生，河南滑县人。1930年入党，1933年入狱。出狱后任晋察冀敌工部队长。新中国成立后，曾任北京市第八区区委书记，广州市民政局局长、市委常委等。1974年1月被迫害致死。

刘慎之

1911年生，河北静海人。1927年入党，1928年赴苏联参加中共"六大"。1930年4月被捕。出狱后曾在北平、湖南、广东、福建工作，任中央监察委员会候补委员。1969年5月被迫害致死。

周 庠

1913年生，河北沙河人，1930年入党，1932年10月被捕。出狱后任桐柏区党委工作团副团长，湖北省农药厂书记、厂长、武汉市化工厂副厂长。1970年2月被迫害致死。

（四）"文革"中饱受摧残，幸存下来的部分同志

安子文

1909年生，陕西绥德人。1927年入党，1931年被捕。出狱后曾任太岳区党委书记。1945年任中央组织部副部长。1979年后，在中央党校副校长的岗位上战斗到生命的最后一刻。

刘澜涛

1910年生，陕西米脂人，1928年入党，1931年被捕。出狱后曾任华北局第三书记、中央副秘书长、中央书记处候补书记，西北局第一书记。"七大"候补委员和"八大"中央委员。1979年以后任全国政协副主席。

杨献珍

1896年生，湖北郧县人，1926年入党，1931年7月被捕。出狱后一直从事党校工作，曾任北方局党校副校长、中央党校教务处长、马列学院院长、中央高级党校校长、"八大"中央候补委员。1979年后继任中央党校顾问。

王玉堂（笔名冈夫）

1907年生，山西武乡人。1932年入狱，1933年狱中入党。出狱后在山西工委和太行工作，历任八行区文联副主任、山西文协主任、中国文联党组成员、山西文联副主席。1979年后任山西作协副主席。一生创作了大量的文艺作品，著有长篇纪实《草岚风雨》。

周仲英

1902年生，湖北襄阳人，黄埔六期毕业。1925年入党，1931年春被捕，出狱后参加领导牺盟会，创建新军工作。任太岳军区副政委、二野八纵副政委、公安学院副院长、国家经委副主任。1979年后任中纪委委员。

冯基平

1911年生，辽宁法库县人。1931年入党，1932年被捕，1935年取保出狱。新中国成立后，任北京市公安局局长，北京市副市长、市委书记。"文革"后，任调查部副部长、北京市委书记。

薄一波

1908年2月出生,山西定襄人,1925年入党,1931年6月被捕。出狱后回山西组织"牺盟会",为八路军在华北打开抗战局面作出巨大贡献。"七大"中央委员。新中国成立后任中财委副主任、主任,财政部长,国家经委主任。中共"八大"政治局候补委员,国务院副总理。

傅雨田

1915年生,辽宁新民人,1933年被捕,1934年狱中转党。出狱后,任山西决死三纵队政委。新中国成立后,任广西壮族自治区副主席。1979年后,任江西省委书记。

赵 林

1906年生,江西吉安人,1927年入党,1931年被捕。出狱后,曾任四川省委第三书记、吉林省委书记。1979年后,任山东省政协主席、人大主任。

李楚离

1903年生,河北元氏人。1927年入党,参加过北伐和南昌起义,1931年被捕。新中国成立后,任广西省委副书记、统战部副部长、人事部副部长。1979年后,任中纪委常委。

刘有光

1914年生,河北景县人。1936年被捕,在狱中入党,曾任晋冀鲁豫野战军四纵政治部主任、二野十三军政委。新中国成立后,任七机部副部长、国防科工委政委。

王鹤峰

1911年生,河南濮阳人。1931年6月被捕,9月在狱中入党。出狱后,任太岳军区政委兼区党委书记。新中国成立后,任黑龙江省委副书记等职。1979年后任中纪委常委。

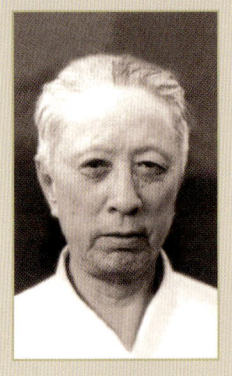

王 德

1906年生，福建龙海人，1925年入党，1931年被捕。出狱后在西北、广东工作。新中国成立后，任广东省委书记处书记。1979年后，任广东省委书记。

刘子久

1901年生，山东乐安人。1924年入党，曾任山东省委常委、农民部长，1931年被捕。出狱后任河南省工委书记、宣传部长。新中国成立后，任河南省委书记、劳动部副部长。

马辉之

1901年生，湖南长沙人。1926年入党，1930年出席在莫斯科举行的赤色职工国际第五次代表大会。回国后任河北省委书记。1931年12月被捕。新中国成立后，任交通部副部长。1979年后，任中纪委常委。

彭 德

1912年生，河北丰润人。1931年被捕，同年8月在狱中转党。出狱后任晋西南工委书记，西北野战军独四旅政治部主任。新中国成立后，任交通部副部长。

刘聚奎

1910年生，河南博爱人。1931年被捕，1933年狱中入党。出狱后任太岳军分区政委、十八兵团六十军师政委、西康省副主席。1979年后，任陕西省政协副主席。

刘尚之

1913年生，河北丰润人。1930年被捕，1935年狱中入党。出狱后在太岳人行工作。新中国成立后，任福建省委委员、司法部部长助理。1979年后，负责重建司法部工作。

贺致平

1912年生，河北邯郸人。1931年入党，1932年被捕。出狱后任华东局农委书记。1979年后，任中国农科院党组副书记、副院长。

吴云夫

1903年生，山西临汾人。1929年入党，1931年被捕。出狱后长期在山西工作。新中国成立后，任山西省统战部副部长。1979年后，任山西纪委副书记。

刘 昭

1909年生，四川荣县人，黄埔五期，1932年8月被捕。出狱后转做兵运工作。1937年转党。新中国成立后，任北京青云仪器厂副厂长。

张振声

1913年生，河北藁城人，1931年入党，1933年被捕。出狱后在冀中地区工作。新中国成立后，任哈尔滨铁路检察院检察长。

唐方雷

1904年生，四川安岳人，1927年10月入党，1932年被捕。出狱后任决死二纵队政治部主任、陕西农村工作部部长、西安市委书记处书记、黄河中游水土保持委员会副主任。

冯乐进

1908年生，山东阳信人，1933年入党，同年入狱。出狱后任沂蒙地委宣传部长、民运部长。新中国成立后，任中财委办公厅副主任、山东省副秘书长。1979年后，任山东省司法厅厅长。

朱则民

1911年生，湖北黄陂人。1932年入党，9月被捕。出狱后任华东局农委主任。新中国成立后，任农科院副院长。2011年去世，享年100岁，是53个狱友中最后离世的。

1936年，从国民党草岚子监狱走出来的共产党人当中，年龄最大的杨献珍、胡锡奎不过三十岁，最小的傅雨田、刘有光、赵明新、周庠等只有十七八岁，其他同志也不过二十岁出头，都是血气方刚的青年。入狱时，他们有的连党员都不是，但出狱后，每个人都成为坚定的布尔什维克，始终如一地坚守自己的信念，矢志不渝地为党的事业奋斗一生。直到2011年朱则民去世，这样一个特殊的共产党人群体，走完了他们共同的人生历程，向党向世人交出了最后的答卷。他们没有一个孬种，没有一个是贪生怕死的软骨头！他们不是什么"叛徒"，个个都是顶天立地的英雄，个个都是特殊材料铸就的人，个个都是共产党人的楷模和骄傲！

这桩历史公案本来是清白的，孰料在"文革"中，林彪、"四人帮"反党集团出于篡党夺权的阴谋，诬陷这些同志为"六十一人叛徒集团"，并对他们进行法西斯式的人身摧残，其中12位同志没倒在敌人的监狱和枪口之下，却遭到党内权谋的诬陷，含冤而逝，令人感慨和悲哀。

1982年春节，"文革"幸存下来的草岚子监狱关押的战友再次聚首合影。
前排自左至右依次为：李楚离、周仲英、杨献珍、薄一波、刘澜涛、刘亚雄、赵林
后排从左至右为：王鹤峰、傅雨田、刘有光、彭德、刘尚志、马辉之、刘昭、冯乐进

2002年，徐子荣之子携家人祝贺薄一波95岁生日

薄一波、唐方雷（左侧沙发就座者，时年101岁）与已故的老战友晚辈合影

四 完成北方局委派的任务

傅楼徐中和、徐子荣的老宅子

　　1934年中央红军长征后，党中央与全国各地的党组织基本上失掉联系。1936年北方局得知豫南一带仍活动着党的地方组织和武装，组织部长柯庆施就委派刚出狱不久的徐子荣回家乡设法寻找地方组织。

　　回到阔别六年的家乡，徐子荣的家庭发生了很大的变故。1931年国民党没有抓到徐子荣就抓捕了他的父亲，在酷刑逼供之下，父亲活活地被折磨致死。母亲因为不肯说出徐子荣的下落，也被日本鬼子抓去站木笼，折磨而死。大哥徐中和是1925年的中共党员，他以地主少爷的身份在家乡长期从事党的秘密工作。从大革命时期开始，傅楼村徐家老宅就已经成为中共豫南特委机关的地下联络站。革命处于低潮时，党的地方组织遭到破坏，散落在各地的党员找不到组织、万分苦闷之下，想到了傅楼的徐家。傅楼像一块磁石，把这些同志吸引过来，从最初的一两个人，慢慢组建起党组织，成立了鄂豫边区省委。

　　徐子荣在大哥徐中和的帮助下，不久便与鄂豫边省委和红军游击队取得了联系。经过考察确认，帮助党的地方组织同北方局和党中央接上组织关系。中央高度重视中原地区的战略地位，先后派彭雪枫、李先念等来到确山竹沟建立根据地。1938年，刘少奇来到竹沟，并把中原局设置在竹沟。由此，竹沟的名声大振，被喻为"革命圣地"和"小延安"，成为新四军第二、四、五师的"摇篮"。徐中和、徐子荣为开创豫南革命形势发挥了重要作用，从两杆半枪逐步拉起了上千人的红军游击队，由此直到全国解放，傅楼这个红色据点从未停止过战斗。

竹沟抗日根据地的建立还与以下几位同志分不开：

王国华

河南确山人，1932年入党，曾任确山中区区委书记、苏维埃主席，中共河南工委巡视员兼县委书记。1932年11月前往江西中央苏区参加中共六届五中全会和全国第二次苏维埃代表大会。1935年回到确山以长工身份隐蔽在傅楼徐中和的家，后与其他几位党员联系，共同创建鄂豫边省委。王国华（人称王老汉）出身贫寒，种过地、烧过窑，没有读过书。他的传奇事迹一度在延安很轰动，被喻为"中国的夏伯阳"。解放后，任河南省副省长。

周骏鸣

河南确山人，曾在董振堂、赵博生部队当兵，并随部队起义加入红军。1935年任河南省军委书记，确山县委书记。周骏鸣被捕后侥幸逃脱，在找不到党组织的情况下，赶往傅楼徐中和家。在傅楼和王国华会面，商量发展组织，坚持武装斗争。在三年游击战争中，任鄂豫边省委委员、红军游击队长、新四军四支队八团团长。1937年在北平与徐子荣见过面。解放后，任水电部副部长、河南省政协副主席。

徐中和

徐子荣的大哥，1925年入党。从大革命时期到土地革命、抗日战争、解放战争直至全国解放，始终在家乡以地主和油坊老板的身份，把傅楼徐家作为中共豫南特委机关地下联络站。在这处隐蔽、可靠的活动场所，徐中和默默无闻地长期从事党的秘密工作。白色恐怖年代，傅楼一直出色担负着掩护干部、提供食物投宿、资助党的活动经费和通信联络任务。徐家为了支援革命，到解放时，几百亩田产已经变卖一光。

关于要求将确山傅楼原豫南特委联络站旧址列为省级文物保护单位的请示报告

河南省文化厅：

在我县古城乡洪村铺行政村傅楼徐子荣、徐中和同志故居，曾设立中共豫南特委联络站。从一九二六年秋至全国解放前夕，这个联络站一直沟通河南省委、鄂豫边省委、北方局及党中央的联系，为恢复和发展河南党组织，特别是开辟竹沟抗日根据地作出了重大贡献。

一、为迎接北伐军进入河南，党派在开封等地求学的张家铎、李鸣岐、杨靖宇、徐子荣、徐中和等一批党、团员回确山，建立驻马店特支和确山党小组。积极组织农民协会，准备确山农民暴动。一九二七年初，张耀昶、杨靖宇、徐子荣经常在傅楼徐家召开重要会议，具体筹备成立县农民协会，编印农协章程。二月，在傅楼附近玉皇庙召开全县第一次农协代表大会，选举了县农协执行委员，制定了确山农民暴动的战斗方案。会后，徐子荣、徐中和在傅楼周围组织农协会员操练武艺，打造武器，并在徐家缝制了十多面绣着白犁子的红旗。一九二六年十二月，确山发动第一次农民暴动，张耀昶、徐子荣等带领北二、东一保近万农民浩浩荡荡开赴确山，与各路农军汇合，举行了震惊中外的确山农民暴动，建立了河南第一个县级农工政权，迎接北伐军胜利进入河南。

二、傅楼联络站是豫南农民运动的指挥部，确山第二次农民暴动的大本营。确山农民暴动失败后，暴动队伍撤至刘店、傅楼一带。一九二七年九月，豫南特委书记王克新、蔡训明先后到傅楼，把特委机关设在徐家。并决定在这里建立豫南特委联络站，由徐中和、徐焕兄妹具体负责。此后至一九三三年间，豫南特委历届负责人都曾在这里领导豫南各县农民运动。确山县委前五任书记均在此指挥全县农民运动。一九二七年十二月，为了响应党的"八七会议"决议，确山爆发了第二次农民暴动即刘店秋收起义后，杨靖宇、李鸣岐、徐子荣等汇集傅楼，领导汝（南）确（山）边区农民运动，开辟了汝确特区。建立了特区苏维埃和农民武装。一九二八年夏，河南省委宣传部长任作民、豫南特委书记张玉海在傅楼传达省委指示，制定第三次确山农民暴动计划。此后，县委书记徐子荣以傅楼为基地，组织发展农协会员。赶制暴动旗帜，采取夜聚明散的策略。先后带领农协会员一万多人围攻水屯寨，袭击张教庄、罗楼、古城，三次攻打韩庄寨，横扫确山北部、东部及汝南西部土豪、劣绅。第三次确山农民暴动对国民党当局震动很大，急调确山、汝南、驻马店驻军残酷镇压。许多暴动骨干壮烈牺牲。六月，上级决定将公开身份的党员或调外地工作，或隐蔽坚持斗争（徐子荣以续学为名调北京工作）。

确山农民运动转入低潮后，傅楼联络站继续开展秘密工作，传递重要情报。一九三三年秋，党中央在江西瑞金召开第二次苏维埃代表大会。河南代表王国华、王国平、段永健及鄂豫边工委张星江等都是由傅楼联络站通知、接转去江西的。

三、傅楼联络站在三年游击战争中，较早地接通了鄂豫边省委与北方局、党中央的联系，促进了竹沟抗日根据地的形成和发展。一九三五年二月，王国华从江西返回确山，在与党中央和友邻省区党组织失去联系的情况下，以傅楼联络站为基点，联络幸存党员，恢复、重建豫南党组织。三月，经傅楼联络站徐中和努力，王国华召开肖章、王国平等参加的党员会议，着手恢复、整顿确山、汝南、正阳、信阳边区党组织。五月，鄂豫边工委委员张旺午到傅楼找上级接关系，与王国华接头。沟通了豫南、豫西南党组织横的关系。接着，鄂豫边工委书记张星江从唐河到傅楼，同王国华协商两地党组织合并问题。七月底，两地党组织正式组成鄂豫边省委。统一领导豫南、豫西南革命斗争。九月，河南省委军委书记周骏鸣出狱后，到傅楼联络站与王国华、肖章接上关系。省委派周骏鸣到信阳尖山开辟工作。一九三六年一月，在尖山创建了红军游击队。五月，叶县工委李子健到傅楼联络站找到王国华，提出叶县工委处境困难，要与王国华、周骏鸣合在一起干。不久，李子健带叶县工委段永健、蓝德修、王汉卿到确山，经傅楼联络站介绍，在朱古洞杜李庄参加了红军

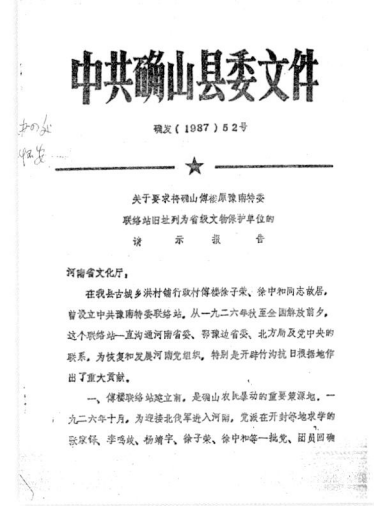

游击队。十月，李子健奉命到确山城关检查工作，到傅楼找到了刚从北平释放的徐子荣。经徐子荣介绍，省委先后两次派李子健去北京与北方局接上关系。刘少奇、柯庆施、刘子久及时指导了鄂豫边区党组织和游击队工作。北方局又介绍周骏鸣去延安向党中央汇报工作，得到党中央和河南省委的正确指示。这时，在全国只有福建省委、厦门市委和北方局与党中央有联系，鄂豫边省委先于南方各省游击区与中央接上关系，使竹沟成为中原抗战的重要战略支撑点。

四、傅楼联络站在抗日战争期间，掩护、接送了许多干部撤离河南。河南省委和中原局设在竹沟期间，朱理治、刘子久曾先后到傅楼联络站了解各阶层抗日动向，指示徐中和继续隐蔽，坚持秘密交通联络工作。此后，经傅楼联络站向竹沟接待转送了许多党员、干部。"竹沟惨案"发生后，汝南地委、确山县委方德鑫、王景瑞、肖章、杨安平等在傅楼联络站徐中和的掩护下，安全撤离河南，进入湖北。其间，徐中和一家节衣缩食，不但将"中和油栈"、"中和面铺"等收入交给组织，还先后卖掉二百多亩土地作为党的活动经费。

五、傅楼联络站在解放战争期间作出了应有的贡献。一九四六年中原突围前夕，徐中和到光山白雀园找到徐子荣，请求部队支援，恢复确山革命根据地，徐子荣指示傅楼联络站，要大力掩护突围路过确山的掉队人员。据此，傅楼联络站先后掩护了王景瑞、王治国、张九英、杨玉璞等许多五师干部和掉队人员，保存了党的骨干。

综上所述，傅楼联络站建立二十多年间，由于徐子荣、徐中和、徐焕及其父母兄妹的艰苦卓越斗争，总计掩护、接转党员、干部及革命群众达千人以上，虽遭国民党反动派多次洗劫、枪杀，但并未中断秘密联络，坚持战斗在"另一条战线"，是一处打不烂、摧不垮的红色交通站。

一九八三年，县人民政府为褒扬傅楼联络站的斗争业绩，将其列入县级文物保护单位，省文化厅也拨款修复了联络站主房三间，为了对广大人民群众进行革命传统教育，搞好社会主义精神文明建设，我们拟请将原傅楼联络站旧址列为省级文物保护单位。按原貌修复一宅两院二十五间草房。搜集、整理、陈列有关革命文物，进一步发挥在社会主义精神文明建设中的应有作用。

特此请示，肯望批复。

中央确山县委　确山县人民政府
一九八七年七月二十七日

忆傅楼若干革命事迹（节选部分）

李子健

李子健

河南叶县人，1931年入党，1933年至1934年在上海负责中共中央与北方各省的秘密交通联络工作，1934年红军长征后，同上级失去联系，回到叶县和坚持斗争的共产党员秘密成立"中共叶县工委"，后通过傅楼与王国华、周骏鸣等同志取得联系，加入新组建的鄂豫边省委和游击队，曾任鄂豫边省委宣传部长，新中国成立后任重庆医学专科学校校长、党委书记。

南方三年游击战争时期，鄂豫边党的一大事件是同北方局建立起关系，我是此事件中主要当事人，徐子荣同志对此事的胜利成功起了关键性作用。

久失党中央关系是地方党的最大苦恼，寻找中央关系早已放在我们的日程上了。我从叶县工委到鄂豫边，时刻没有忘过。一九三六年九月下旬，我到确山县委检查地方工作，地下党员田永录告诉我："徐子荣同志出狱探亲回来了，你们在哪儿我摸不清，现在你来得正好，快去看看他，兴许他有党的关系。"我迫不及待地赶到傅楼找到子荣，把地方党失掉上级关系的苦衷，地方党及游击队活动情况，执行的政策，以及寻找上级党的迫切要求等同他谈了，子荣同志把当前的斗争形势和党中央的方针政策对我畅谈，如当时的口号已不是"打倒一切帝国主义""一切土豪劣绅"……而是"打到日本帝国主义""铲除汉奸卖国贼"了，还谈了去年的"一二·九"运动等等，这分明是告诉我：他有党的关系，我的心胸豁然开朗。于是我立即回到省委临时驻地泌阳官庄向王国华同志汇报了这一发现的喜讯。王国华马上就决定委派我去，在徐子荣同志的帮助下，建立北方局的关系。这次徐子荣见我就直接了当地告诉我去北平沙滩地区北椅子胡同"大学公寓"找见"中国大学"学生李锐就找到北方局了。并立即以私人名义给李锐写了一封介绍我会见他的信。

我找到遂平联络站（四方商店）负责人陈继尧，拿上路费，按子荣指的去处于一九三六年十月五日找到李锐，并且住在"大学公寓"，第二天刘子久同志和我接头，北方局的关系打通了。之后我移住东老胡同九号王雅阁同志家。

我把鄂豫边的社会情况党的活动红军游击队的创建与发展，执行"广交朋友"等政策向北方局作了汇报，得到了他们的很好评价。也谈到徐子荣在建立关系上的帮助以及傅楼对革命的贡献，他们也很称赞。

接上北方局关系的消息传到地方时，像暴风雨中夜航时看到灯塔一样，在地方上奋斗的同志们，莫不欢欣鼓舞，奔走相告，气氛热烈极了。傅楼也因子荣同志帮助建立上级党的关系而在内部名声大振。

自三六年十月到三七年二月，我三上北方局。在此期间发生了震惊中外的"双十二"事变，革命形势突变，这是中国革命由最低潮向最高潮转折的一个标志。在天津"宁园"胡服即刘少奇同志接见了我，在革命策略上作了重要指示，这也是建立关系中的一大事件。从此我们鄂豫边地区在时局演变、方针政策上能及时听到中央的声音，革命运动日益蓬勃地发展起来。

一九八九年
写于建国四十周年纪念日

河南省有关部门关于徐子荣同志家乡故居作为重要革命遗址妥善保护的意见

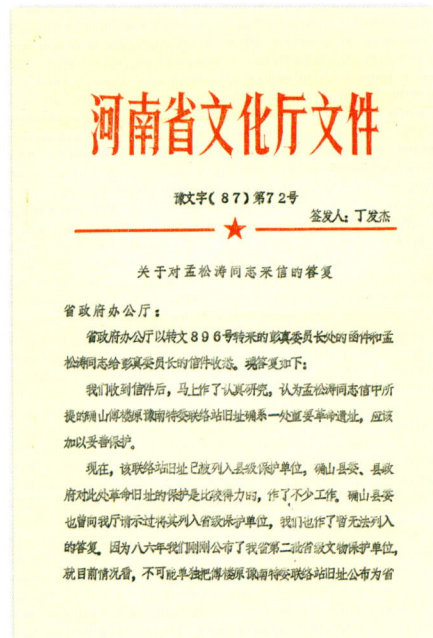

省政府办公厅：

省政府办公厅以转文896号转来的彭真委员长处的函件和孟松涛同志给彭真委员长的信件收悉。现答复如下：

我们收到信件后，马上作了认真研究，认为孟松涛同志所提的确山傅楼原豫南特委联络站旧址确系一处重要革命遗址，应该加以妥善保护。

现在，该联络站旧址已被列入县级保护单位，确山县委、县政府对此处革命旧址的保护是比较得力的，作了不少工作。确山县委也曾向我厅请示过将其列入省级保护单位，我们也作了暂无法列入的答复。因为八六年我们刚刚公布了我省第二批省级文物保护单位，就目前情况看，不可能单独把傅楼原豫南特委联络站旧址公布为省级保护单位。

考虑到孟松涛等一批革命老同志对我们文物工作的关心，我们一定要认真调查、摸清情况，到我省第三批省级文物保护单位公布时，再根据《文物保护法》和实际情况，作出切合实际的决定。

现在，我们可以根据信中要求，积极帮助确山县委、县政府，共同努力，协同工作，力争使这处革命遗址得到更为妥善的保护。

河南省文化厅

一九八七年十一月十八日

抗日战争时期

前页图为河南登封革命烈士陵园雕塑

五 在太行抗日根据地

1937年4月，经北方局指派，徐子荣前往山西任省委秘书长，同年9月，山西省委抽调一批干部，前往晋西北、晋东北、晋东南地区发动群众，建立和发展农村抗日根据地，徐子荣为晋东南地区负责人，并筹建晋冀豫省委。

1937年10月，国共再次合作，红军改编为八路军，东渡黄河挺进山西。

11月，八路军总部进驻山西晋中，在和顺县石拐镇召开高级干部会议。随后，一二九师也于此召开了会议，史称"石拐会议"。

同期，晋冀豫省委成立（又称太行区党委）。李菁玉任省委书记，李雪峰任组织部长，徐子荣任宣传部长。省委机关同八路军总部和一二九师师部在一起，公开对外称"政治部编辑部"。

开赴晋东南的一二九师部队

"石拐会议"会址

1937年11月15日，中共晋冀豫省委部分领导人在石拐合影
前排左起为李雪峰、彭涛、徐子荣
后排左起为何英才、张玺、黄镇

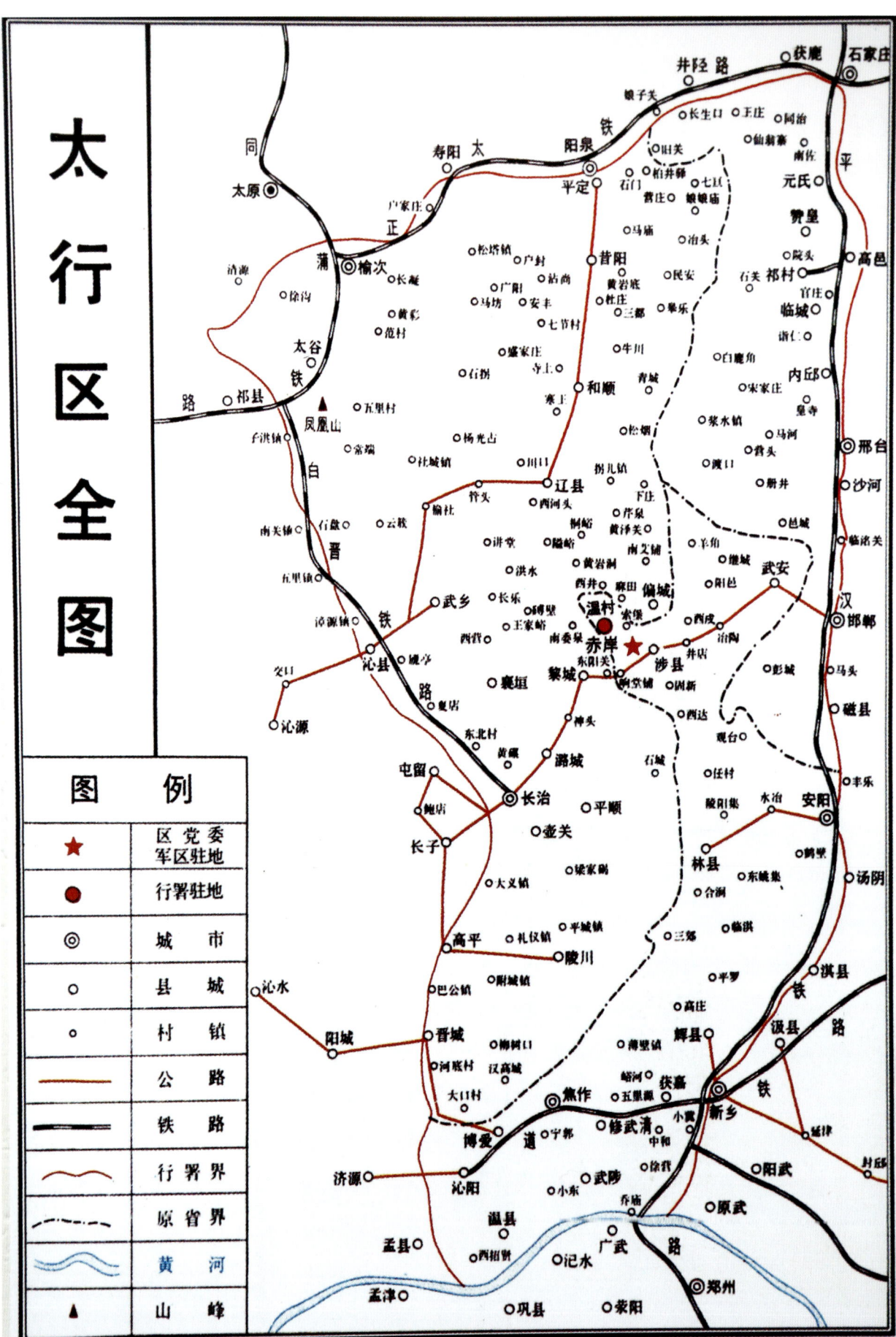

太行区全图

图例

★	区党委 军区驻地
●	行署驻地
◎	城　市
○	县　城
∘	村　镇
——	公　路
▬	铁　路
∿	行署界
·—·—	原省界
∿	黄　河
▲	山　峰

1938年1月，邓小平接替张浩出任一二九师政委。北方局对中共晋冀豫省委进行改组，李雪峰出任省委书记，徐子荣任宣传部长，何英才任组织部长。

2月4日至5日，一二九师师部和晋冀豫省委联合开会，研究创建根据地问题，提出武装、政权、群众三大问题。一二九师刘伯承、邓小平、倪志亮和省委李雪峰、徐子荣、何英才、彭涛、杨秀峰、安子文等参加会议。

3月中旬，省委和一二九师已建立起晋中、太南、冀豫和晋豫等五个党的特委，全区建立起二十多个县委和十多个抗日县政权。

1939年9月10日，中共晋冀豫区第一次代表大会于武乡县崇法寺召开。共有272名代表参加会议。大会秘书长徐子荣致开幕词，朱德总司令到会祝贺，彭德怀副总司令作形势报告，杨尚昆、李雪峰、何英才等分别作了专题报告。大会选举出参加中共"七大"的代表。李雪峰、何英才、徐子荣、黄镇、安子文、彭涛、王维纲、王卓如、张玺、王孝慈、赖若愚、李哲人、张晔、王树声、程式兰、刘建勋、冷楚、陶鲁笳、吴作民、唐天际、嘉康杰等同志当选为新一届区党委委员。这次会议是晋冀豫区党委最负盛名的一次大会，也是太行根据地唯一的一次党代会。

之后，徐子荣改任太行区党委组织部长。

1938年,中共晋冀豫省委部分领导人在辽县西河头村合影
李雪峰（左一）、徐子荣（左四）、何英才（左五）

中共晋冀豫区第一次党代会会场

太行太岳两区党委部分领导合影
薄一波（左一）徐子荣（左二）李雪峰（左三）安子文（右一）
何英才（右二）

129师386旅一部陈赓旅长旧居
1938年冬季
抗日军政大学六分校何长工校长旧居
1939年2月–7月
晋冀豫省委李雪峰书记旧居
1940年2月–6月

晋冀豫省委
徐子荣组织部长
彭涛宣传部长
旧居
1939年2月–6月

抗日军政大学总校
罗瑞卿教育长
张际春政治主任
旧居
1940年7月–10月

徐子荣在山西省黎城县霞庄村住地

1940年中共北方局在山西省黎城县霞庄村召开高级干部会议，太行区党委部分领导合影
朱瑞（左一）、徐子荣（左四）、李雪峰（右一）

1940年8月20日到12月上旬,根据十八集团军总部命令,在华北敌后发起"百团大战",给日寇以沉重的打击。

1941年后,日军对根据地进行扫荡,实施野蛮残酷的"三光政策",加之天灾和国民党顽固派的不断摩擦,根据地出现严重的困难局面。刘伯承、邓小平带领边区党政军民采取一系列相应对策,顽强斗争,渡过抗日战争中最困难的时期。

1943年,徐子荣为响应边区精兵简政的号召,从工作实际需要出发,主动要求到太行区委下面的行署工作。经组织批准,徐子荣改任太行五地委书记兼第五军分区政委。在五分区,徐子荣全力以赴投入到根据地的生产、灭蝗、扩军、整风工作中,为根据地的建设作出了贡献。

1941年一二九师师部旧址和太行区党委迁入河北涉县河南店镇赤岸村。上院为刘邓旧居及太行区党委旧址

徐子荣在太行抗日根据地任宣传部长期间，竭尽全力抓党的宣传阵地和宣传队伍建设，1938年创办油印版《中国人报》，后发展为石印版《胜利报》，还创办了党刊《战斗》等。1939年陆续组建了太行各种文艺团体，如文化界抗日救国联合会、太行剧团。

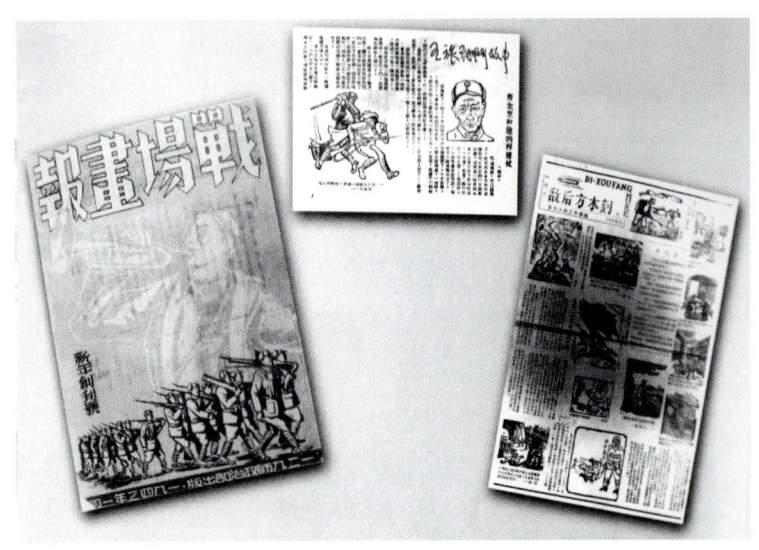

一二九师政治部出版的《战地画报》

太行根据地创办的《文艺杂志》

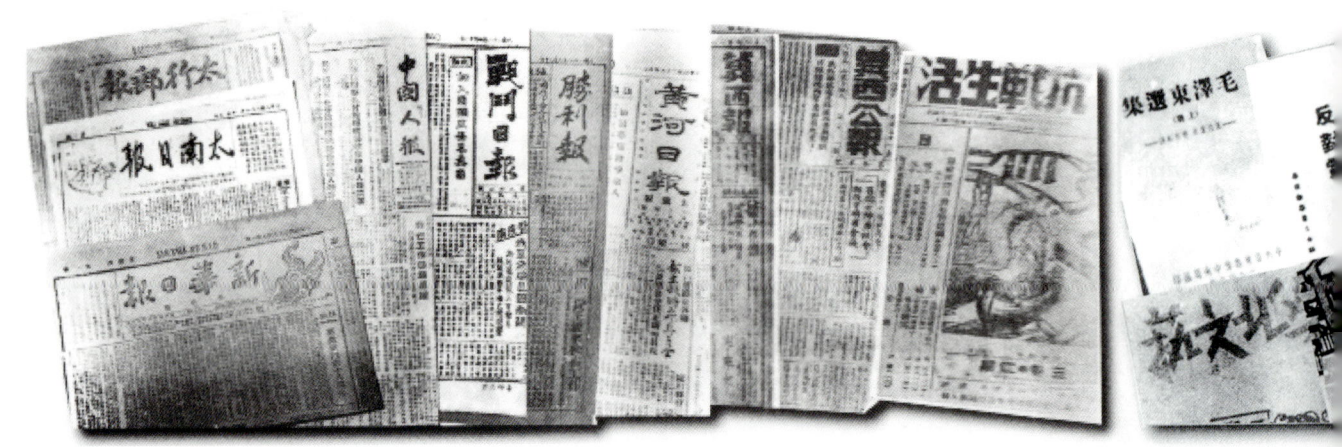

太行区出版的报刊书籍

太行文联推出秧歌剧《错打算盘》

活跃在太行根据地的文艺组织正在演出

太行文联演出的剧本《改变旧作风》

在太行根据地活跃开展的宣传文艺活动

1940年，徐子荣改任太行区党委组织部长。对太行根据地8县29个村党支部进行调查，指出了工作存在的缺陷，提出巩固根据地的必要措施，抓住党的建设根本。经过全党一个冬春的努力，扭转了基层组织的涣散，根据地的面貌为之一新。

参军青年整装出发

参加第五行政区各业工人联合救国总会成立大会的全体代表

1938年元旦，沁源县郭道镇举行农民自卫队儿童团大检阅

1940年4月底，北方局第一期
妇女干部训练班结业典礼大会

徐子荣在五地委工作期间，正是根据地克服困难走向胜利的阶段。当时减租保佃、抗旱灭蝗、整风运动、生产自救、兴修水利、组织合作社、发展手工业，任务十分繁重。徐子荣善于从实际出发执行上级的决定和指示，各项工作开展得都比较顺利。

河北省涉县西达村太行五地委旧址

徐子荣在涉县东达村五分区住处

太行根据地居民在清漳河围坝造田

太行根据地的战士开展生产自救，集体纺线

六　开辟豫西抗日根据地

1944年4月，日军向河南地区大举进犯，国民党四十万军队不战而溃。为打击日寇烧杀抢掠的嚣张气焰，解救"水、旱、蝗、汤"之灾的中原同胞，中央决定派部队赴豫西开辟抗日根据地。第十八集团军总部和北方局首长邓小平向徐子荣和皮定均传达了中央决定，并命令徐子荣和皮定均率先遣支队开赴豫西。先遣支队直属北方局和八路军前方总部领导。

豫西抗日根据地是中共在全国开辟的第19个、也是最后一个抗日根据地。徐子荣、皮定均不惧艰难，率领先遣队与日伪顽展开针锋相对的斗争，在战场上取得了一场又一场的胜利。徐子荣充分发挥我党政治工作的优势，放手发动群众，有条不紊地开展根据地的政权建设，工作局面如火如荼，豫西人民的抗战热情极其高涨。在一年多的时间里，部队得到迅速扩编，根据地的面积不断扩大，日伪顽的势力奄奄一息……

1944年9月，徐子荣被任命为八路军豫西抗日先遣支队政委和豫西地委书记

皮定均和徐子荣到八路军总部领受开辟豫西抗日根据地的任务

1944年9月，皮定均司令员在豫西林县留影

从1940年在太行根据地开始，皮定均和徐子荣就并肩战斗在一起。1944年，两人共同组建抗日先遣支队，从此结为生死搭档。皮定均非常敬重徐子荣，视他为兄长；徐子荣处处树立皮定均的威望，豫西人民很快就知晓了"皮司令"的威名。徐子荣曾为皮定均和张烽的婚事做了许多工作。"文革"中徐子荣落难，皮定均不顾惹祸上身，特意让张烽同志到徐子荣家探望，鼓励孟松涛坚持到底。如今，两位革命一生的老搭档，又一起安息于中岳嵩山的苍松翠柏之中……

豫西抗日先遣支队成立时部分领导的合影，中间两位穿
深色军服的，左边为徐子荣政委，右边为皮定均司令

豫西抗日根据地主要领导

地委委员、支队司令皮定均　　　　地委书记、政委徐子荣

副司令 方升普　副政治委员 郭林祥　参谋长 熊心乐　地委统战部长 政治部副主任 孔祥桢　箕山行署专员 供给部长 范惠　卫生处长 高长喜　地委组织部长 史向生　嵩山行署专员 欧阳景荣

第 35 团领导　　　　　　　　　　　　　　　　第 3 团领导

团长 王诚汉　政治委员 马易之　参谋长 张介民　团长 钟发生　政治委员 陈行庚　副团长 胡大祥　参谋长 沈甸之

1944年9月5日，在河南林县临麒镇郭家园，抗日先遣支队成立，1700人参加了誓师大会

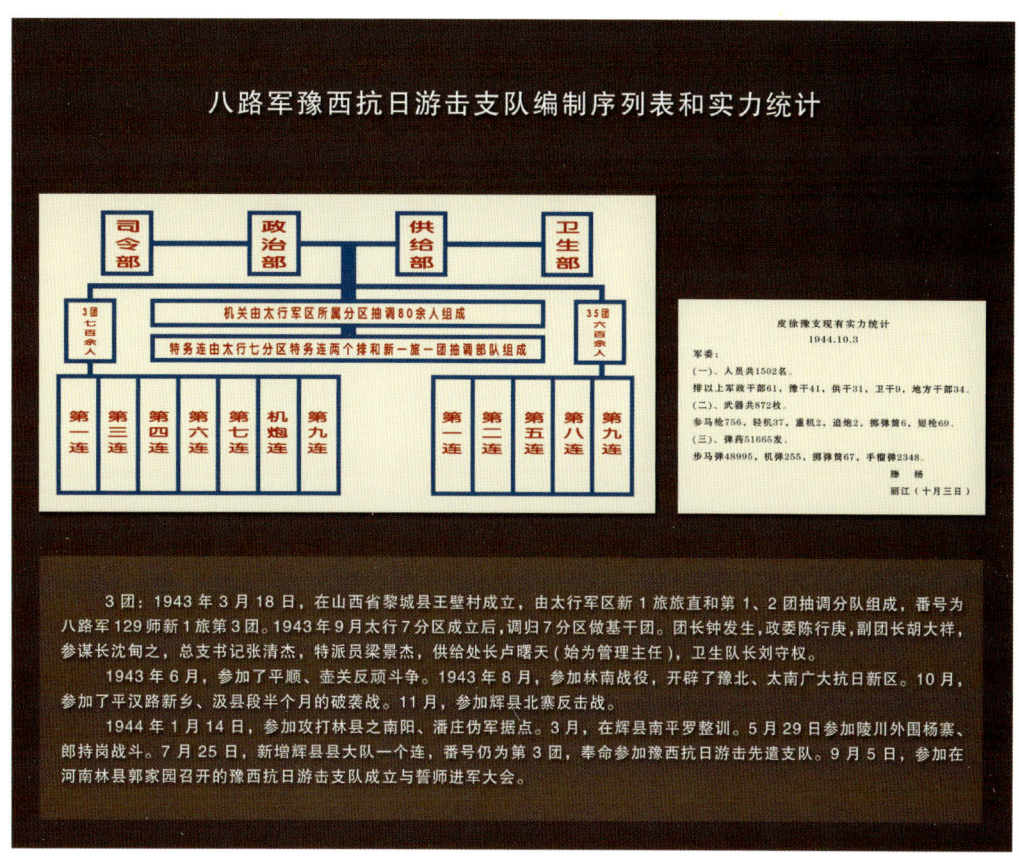

八路军豫西抗日游击支队编制序列表和实力统计

司令部　政治部　供给部　卫生部

3团七百余人

机关由太行军区所属分区抽调80余人组成

特务连由太行七分区特务连两个排和新一旅一团抽调部队组成

35团六百余人

第一连　第三连　第四连　第六连　第七连　机炮连　第九连　　第一连　第二连　第五连　第八连　第九连

皮徐豫支现有实力统计
1944.10.3
军委：
（一）、人员共1502名.
排以上军政干部61、豫干41、供干31、卫干9、地方干部34.
（二）、武器共872枚.
参马枪756、轻机37、重机2、追炮2、掷弹筒6、短枪69.
（三）、弹药51665发.
步马弹48905、机弹255、掷弹筒67、手榴弹2348.
豫　杨
丽江（十月三日）

　　3团：1943年3月18日，在山西省黎城县王壁村成立，由太行军区新1旅旅直和第1、2团抽调分队组成，番号为八路军129师新1旅第3团。1943年9月太行7分区成立后，调归7分区做基干团。团长钟发生，政委陈行庚，副团长胡大祥，参谋长沈甸之，总支书记张清杰，特派员梁景杰，供给处长卢曙天（始为管理主任），卫生队长刘守权。

　　1943年6月，参加了平顺、壶关反顽斗争。1943年8月，参加林南战役，开辟了豫北、太南广大抗日新区。10月，参加了平汉路新乡、汲县段半个月的破袭战。11月，参加辉县北寨反击战。

　　1944年1月14日，参加攻打林县之南阳、潘庄伪军据点。3月，在辉县南平罗整训。5月29日参加陵川外围杨寨、郎持岗战斗。7月25日，新增辉县县大队一个连，番号仍为第3团，奉命参加豫西抗日游击先遣支队。9月5日，参加在河南林县郭家园召开的豫西抗日游击支队成立与誓师进军大会。

八路军豫西抗日先遣支队编制序列

先遣队一千多人于1944年9月21日夜至22日拂晓前全部渡过黄河，挺进豫西。图为支队在济源县杜八联的河清渡口抢渡黄河

当年帮助部队渡过黄河的老船工

支队官兵乘船到达河岸后，迅速登陆抢占要地

1944年9月30日，支队南下箕山，途中获知日军强征大批民工修建机场，立即开进机场，实施夜袭

1944年9月30日晚，支队进入豫西。为了解救数万劳工，第一仗就是奔袭日寇在登封修建的机场，打得敌人措手不及，一举歼俘日伪军60余人，解放民工2万人，彻底摧毁日寇修建空军基地的计划。徐子荣政委进行战前动员时说："来自周围数县上万民工，一旦解放就是上万个宣传员。"

行军作战途中牢记群众纪律，树立良好形象

帮助群众修建被毁的房屋

战士赔偿群众损失，老百姓坚决不收

为发动群众、扩大影响，支队组织了四路武装工作宣传队，进行声势浩大的武装宣传

初到豫西，为了站稳脚跟、打开局面，支队兵分四路，举行武装大宣传。第一路由皮、徐带队，到偃师、巩县；第二路由方升普带队到禹县、临汝；第三路由郭林祥、熊心乐率队，留在白栗坪；第四路由沈甸之带队去汜水、荥阳、密县一带。通过二十几天的分兵宣传，党的抗日政策深入人心，顽固派的真面目暴露出来，民众的敌我意识得以提高。支队还通过当地党的组织寻找地下党员，300多党员很快就找到了部队。"皮司令"这杆抗日大旗，得到了豫西人民的拥戴。

登封县抗日独立团进行武装大宣传

武装大宣传后，支队再次分兵，扫除各地的伪乡公所，打击顽固派势力，争取开明人士，建立广泛的抗日统一战线，创建抗日政权。

1944年11月下旬，第35团攻打登封县小金店之敌

从炮楼中收缴战利品

登封县抗日县政府旧址

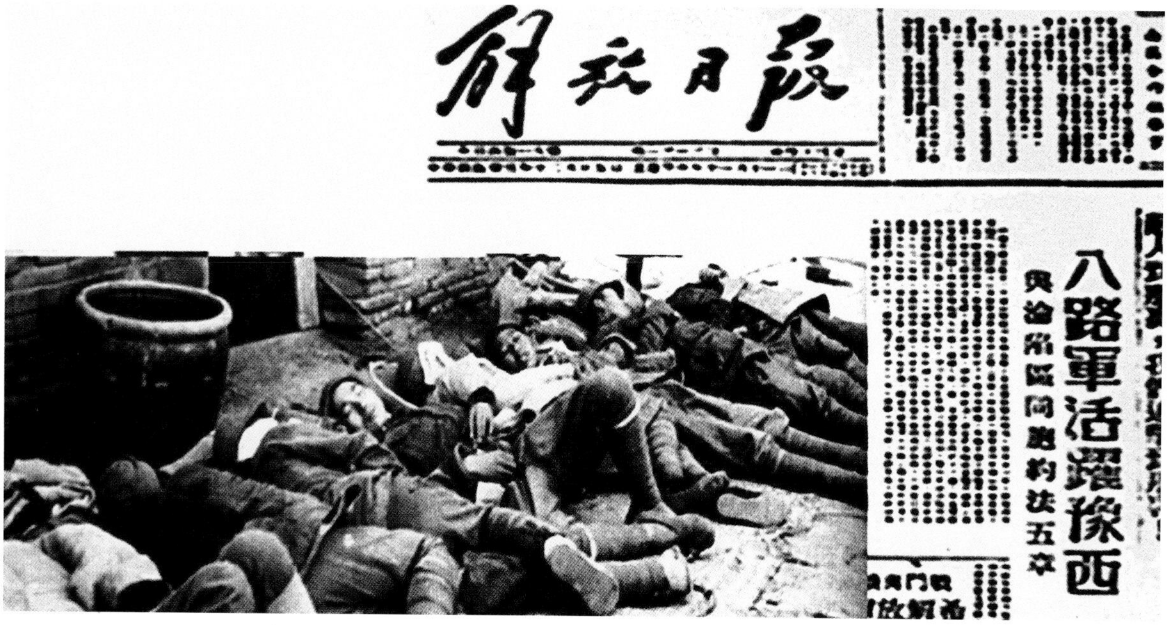

1944年12月25日，《解放日报》关于支队在豫西颁布"约法五章"的报道，图为部队露宿街头不扰民

县独立团和区基干民兵积极配合主力部队作战

1944年10月，豫西地委决定开展"倒地"运动，把豫西穷人灾年为了活命贱卖的土地、房屋再"倒"回给穷人。徐子荣说："倒地这可是一件大好事，造福于民是一大胜利。"支持农民把失去的土地再"倒"回来。通过"倒"地和实施减租减息，农民得到了切实的经济利益，对抗日民主政府更加信任和拥护，抗日情绪进一步高涨，百姓踊跃参军，部队扩大，政权得到巩固。

豫西群众送子参军

建立抗日县政府，人民当家作主，踊跃投票选举各级政府领导人

1945年2月，支队在登封县曹村伏击扫荡的日伪军，激战一小时，歼敌两百余人

曹村伏击战

　　1945年1月20日，皮定均司令员机智灵活地粉碎了日、伪、顽5000多人对箕山抗日根据地的扫荡，跳出敌人的重围，到达曹村休息。因当地汉奸保长告密，驻守登封的日军小队长掘江率兵200余人及卢店、唐庄伪军300余人，包围了曹村。发现敌情后，支队特务连指导员张静波沉着指挥，在日伪军距阵地30米时才命令开火，打死打伤大量敌人。但是，敌众我寡，面对十数倍于我之敌，指战员们毫无畏惧，一个个摩拳擦掌，战斗打得残酷激烈，战士汪成和张志诚都是抱着拉了弦的手榴弹冲进敌阵，与敌人同归于尽。年轻的六班班长谢泉被敌人的机枪打穿了腰部，受伤的部位像刀割一样，把一个高大的身躯截成了两段。但他仍双手紧抱机枪，手指压在扳机上，直到弹匣里的子弹飞完，机枪才停止了吼叫。傍晚，

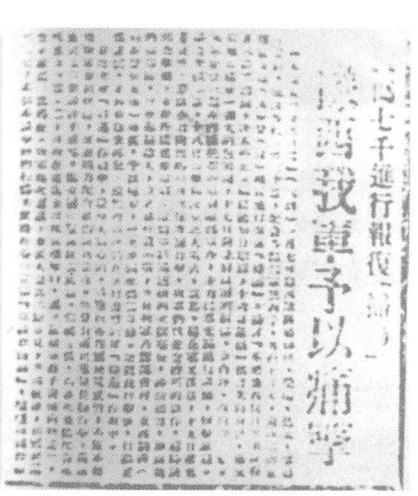

《中共登封历史》第一卷中关于曹村伏击战的记载　　《解放日报》关于支队在豫西反扫荡战斗中痛击敌军的报道　　《解放日报》关于支队在豫西连获胜利的报道

自1944年11月至1945年1月，敌寇连续对我新辟的根据地进行"扫荡"。支队同日伪军进行了大小战斗200余次，歼敌5900余人。

佛光峪位于偃、登、巩三县交界，是嵩山区抗日根据地中心之一，在"扫荡"中，敌寇在此留下"钉子"，12月30日，支队发起强袭佛光峪的战斗。这是一次主力与地方武装和民兵相配合作战的范例。共歼日伪军400余人，缴获轻重机枪6挺，步枪200余支。

攻占佛光峪城北门楼

向敌人发起冲击

严密侦察，伺机攻击

缴获的战利品

拆除碉堡，清扫战场

1945年4月22日，支队发起偃师县缑氏战斗，毙敌253人，缴获各种枪支300余支。图为《解放日报》关于缑氏战斗胜利的报道

《解放日报》连载支队在豫西英勇战斗、扩大解放区的报道

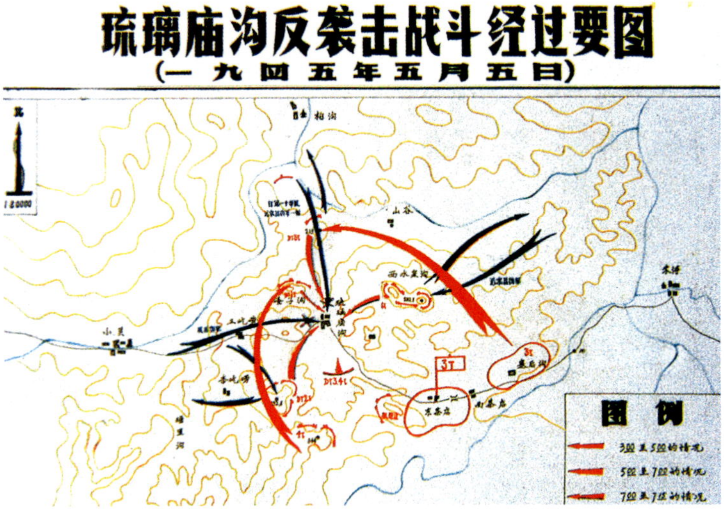

琉璃庙沟反袭击战斗经过要图
（一九四五年五月五日）

琉璃庙沟战斗经过图

支队官兵在抢挖工事

　　日寇每败，必将报复。根据这个惯例，支队判断敌寇会来袭击我嵩山区机关所在地琉璃庙沟，支队便将计就计地打好埋伏。5月5日深夜，汜水日军两个中队和上千伪军果然出现在伏击圈中。围击中，日军大队长被击毙，120人被歼。

攻打山头

悄悄接近敌人，给其以狠狠打击

攻打大冶镇时支队的指挥所，皮定均、徐子荣曾在这里制订作战计划

　　大冶镇位于登封县东南山区，寨高三丈，内有完备的防御工事，是最大也最难攻克的伪顽据点。7月，皮定均率领支队在近一个月的时间内，经过十余次的袭击与强攻，利用围寨打援、坑道迫近爆破等战术才被攻克。这场胜利是用军事手段与政治瓦解的策略相结合的战果。

支队关于偃伊及扫荡情况报告的影印件

支队官兵攻打登封县城

攻克碉堡

解放登封城后，登封抗
日县政府在城楼上贴出
的布告

解放登封城战斗中缴获的战利品

军民庆祝抗战胜利

抗战胜利后，根据地军民召开大会，热烈庆祝抗战胜利

1945年8月15日日军投降，但登封县城的伪军拒不投降，支队于8月20日将县城包围，23日发起总攻，经过一小时激战，全歼守敌2000余人，红旗插上嵩阳楼，登封宣告解放。

经过一年多的艰苦卓绝的战斗，"皮徐支队"建立了26个县级抗日民主政权、两个抗日专署，300万人口得到解放。热情高涨的人民群众纷纷要求参军，部队发展壮大到上万人，出色地完成了党中央、八路军总部下达的开辟豫西抗日根据地任务。

庆祝抗日胜利
中华民族解放
万岁
毛泽东

毛主席书写庆祝抗战胜利

豫西抗战历程图

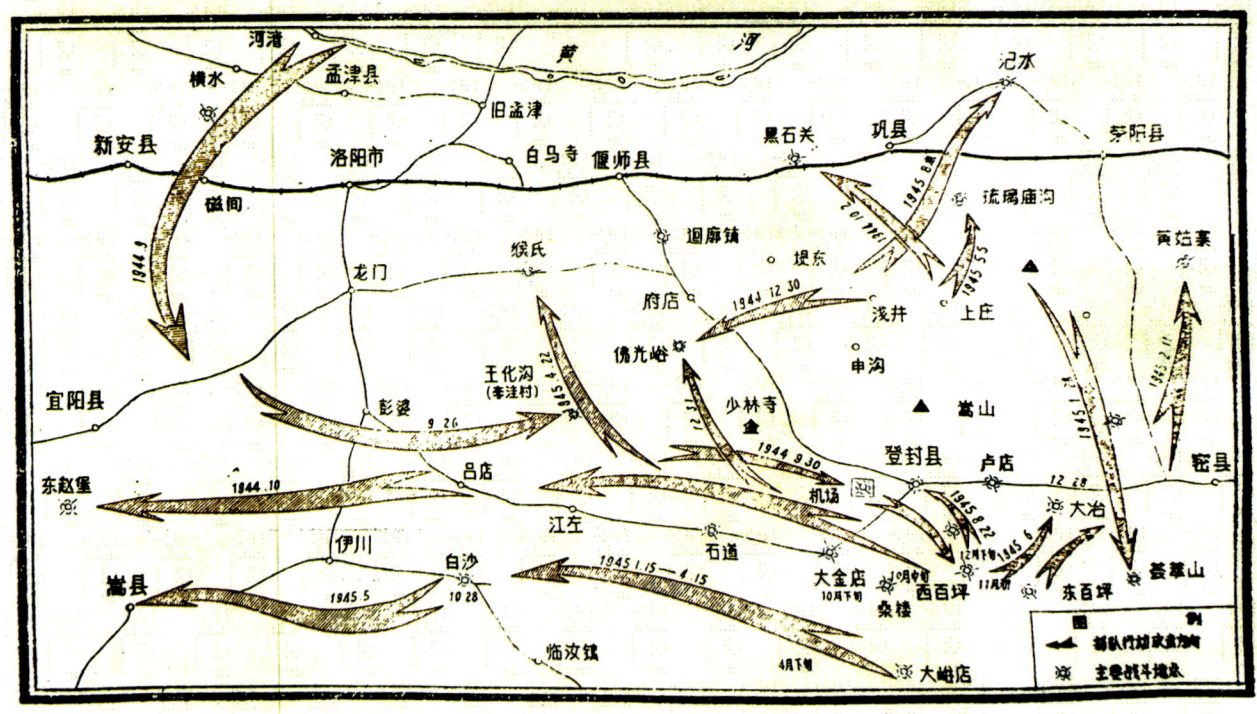

先遣队在豫西战斗军队路线图

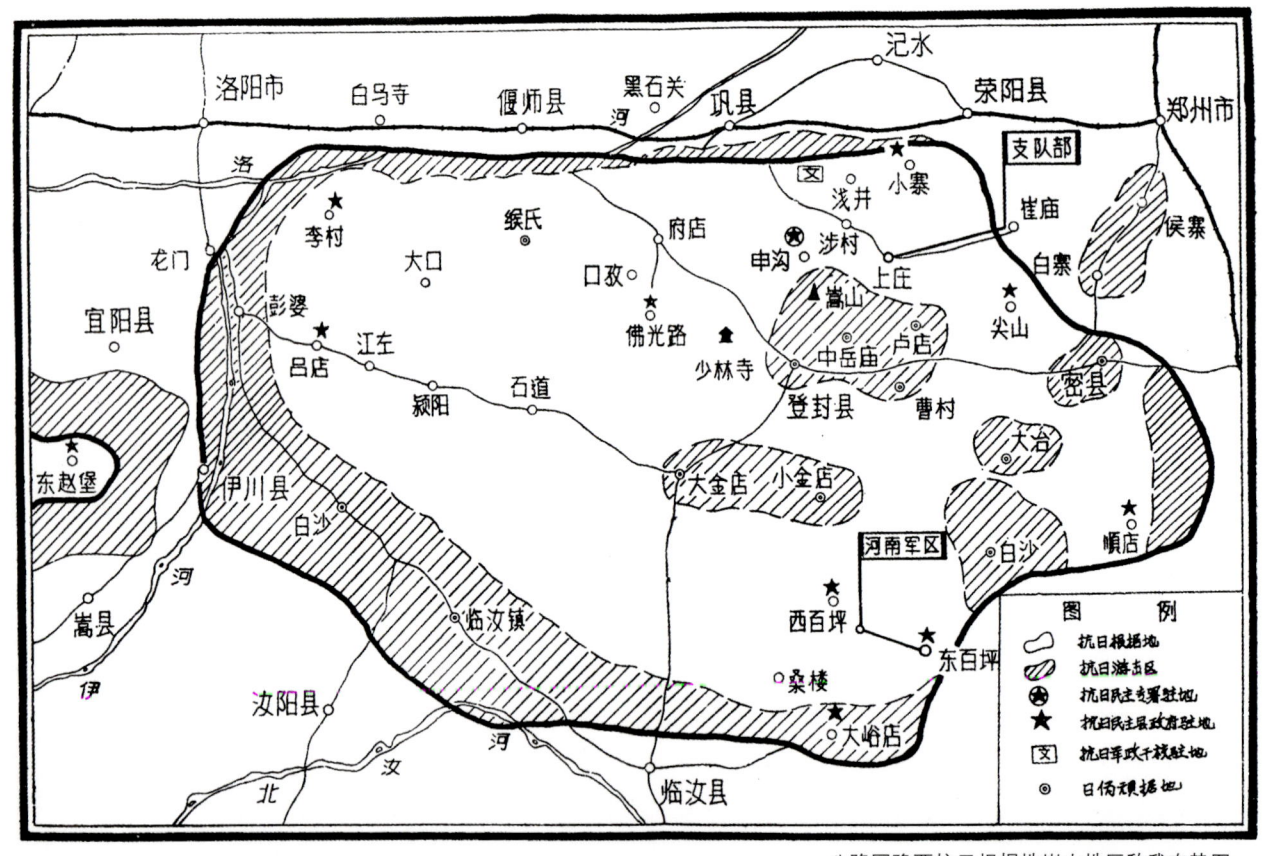

八路军豫西抗日根据地嵩山地区敌我态势图

1986年6月22日，为纪念徐子荣开辟豫西抗日根据地四十周年，《人民日报》发表郭林祥上将、王诚汉上将合署的文章《呕心沥血辟新区——忆徐子荣同志在豫西》

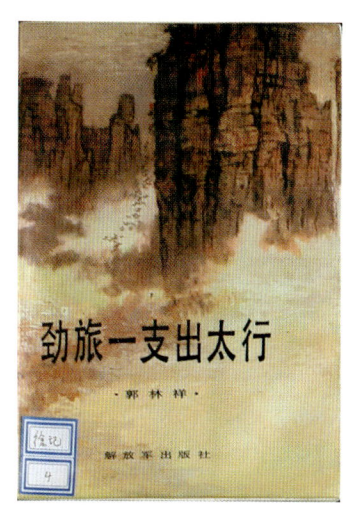

郭林祥上将撰写的豫西抗战的专著

忆秦娥 四首

记出征豫西并悼念徐子荣同志

史向生

出太行

太行别，组建新军不停歇；不停歇，秣马厉兵，把敌楼揭。

横马飞渡黄河月，攀登邙山不再折；不再折，解放亲人，心比火热。

"倒地"翻身

人泯灭，水旱蝗汤肝肠裂；肝肠裂，倒影如折，望眼出血。

共产党来盖子揭，"倒地"翻身朝天热；朝天热，土地还家，万民心悦。

歼敌

伊洛阙，嵩山脚下捣敌穴；捣敌穴，战士如虎，敌酋如鳖。

人说虎牢坚如铁，而今三军从天越；从天越，斩关夺寨，敌颈瓜切。

颖水告别

颖水别，八路战士来告别；来告别，挥泪如雨，呜咽声竭。

军情紧迫弥天雪，黄昏过后云遮月；云遮月，几时再来，马蹄奔裂。

注：史向生曾任河南省副省长、水利部副部长。

20世纪70年代末80年代初，河南豫西人民不忘当年皮定均、徐子荣率领抗日先遣支队打败日本侵略者，建立抗日根据地和民主政权，救民于水火的丰功伟业，自发地募捐集资，在五岳居中的嵩山，修建了一座气势雄伟的革命烈士陵园。

登封市烈士陵园建于1979年10月。占地面积约3万平方米，陵园从低到高分10层级台阶，居高临下，俯瞰登封市区，气势雄伟，似镶嵌在登封的一颗璀璨明珠。园内松柏苍郁，花木飘香，庄严肃穆。陵园内建有英雄群塑、八角碑亭两座、革命业绩陈列室、纪念主碑一座和皮、徐墓碑

1990年，登封人民隆重迎接原豫西抗日先遣支队皮定均司令员和徐子荣政委的骨灰，将他们爱戴和敬仰的老首长的骨灰安放在颍水河畔、嵩山之巅的苍松翠柏之中

解放战争时期

七 "皮旅"中原突围

　　日寇投降后，国民党军队急忙下山抢夺胜利的果实。为了避免国共军队发生摩擦冲突，中央指示"皮徐支队"一万多人，从豫西南撤到桐柏山区。1945年11月，支队到达桐柏山区。10月，中共中原局、中原军区成立，中原军区由李先念的新四军五师，王震的三五九旅和王树声的河南军区三部分组成，总兵力六万。"皮徐支队"被改编为中原军区第一纵第一旅，皮定均任旅长，徐子荣任政委。

　　不久，国民党便调集30万军队，将中原军区团团包围，妄图一举歼灭我中原军区的部队。1946年元旦后，皮旅进入大别山区，驻扎在光山县白雀园一带休整，准备应对突发事变。

部队撤离豫西时做到地净、缸满、借物归还、损坏赔偿

撤离豫西，向南进军

1945年11月初，部队长途奔袭，解放唐河县城，并阻击来援的敌47军一部，图为抗击敌人援兵

1945年12月30日攻克豫东重镇汝南埠，在战斗关键时刻徐子荣政委亲临一线向突击排鼓劲，勉励大家拿下汝南埠庆祝元旦过新年

中原军区一纵一旅（皮旅）战斗序列

旅 部

旅　　　　长	皮定均
政　　　　委	徐子荣
副　旅　长	方升普
副　政　委	郭林祥
参　谋　长	张介民
政治部主任	郭林祥（兼）
政治部副主任	谷纪芳
供给部部长	范惠

一 团

团　　　　长	王诚汉
政　　　　委	陈行庚
副　团　长	王永元
参　谋　长	王波
政治处主任	吴立兴
政治处副主任	范克让

二 团

团　　　　长	钟发生
政　　　　委	张春森
副　团　长	陈应寿
参　谋　长	欧阳挺
政治处主任	梁景杰

三 团

团　　　　长	曹玉清
政　　　　委	黎光
副　团　长	项辉志
副　政　委	吴振挺
参　谋　长	青雄虎
政治处主任	赵绍明
政治处副主任	何生

桐柏会师，激励斗志

为战胜国民党封锁造成的困难，皮旅在中原军区"临危不乱，能苦必胜"战斗口号激励下"坚持苦熬"，大家动手，自力更生，开荒种地，节衣缩食克服困难。

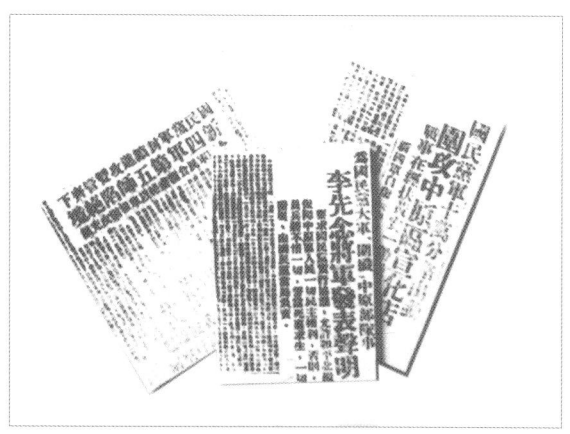

1946年1月停战后，国民党对中原军区实施军事包围、经济封锁，武装围攻。图为相关报道

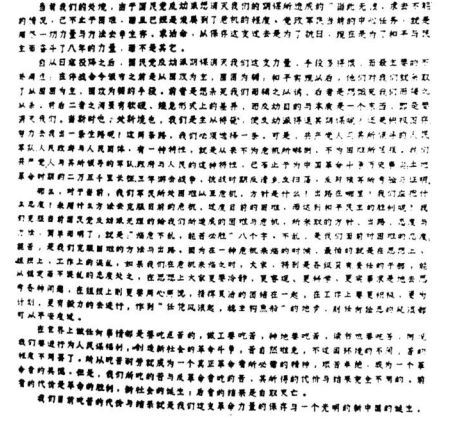

中原军区《七七日报》发表社论，号召全区军民临危不乱，能苦必胜

粮食喜获丰收，军民一起打场

干部战士齐上阵，一起把肥料抬运到田地

转进大别山区

1946年4月25日，敌72军13师进犯小界岭
图为指战员在硝烟掩护下发起冲击

1946年6月,国民党军队悍然向中原解放区发动总攻,解放战争序幕由此拉开。6月24日,纵队司令员王树声向皮定均、徐子荣紧急下达命令,要求皮旅以三日为期,不惜一切代价拖住敌人,掩护军区主力突围。任务完成之后,再择机突围。

中原军区被围示意图

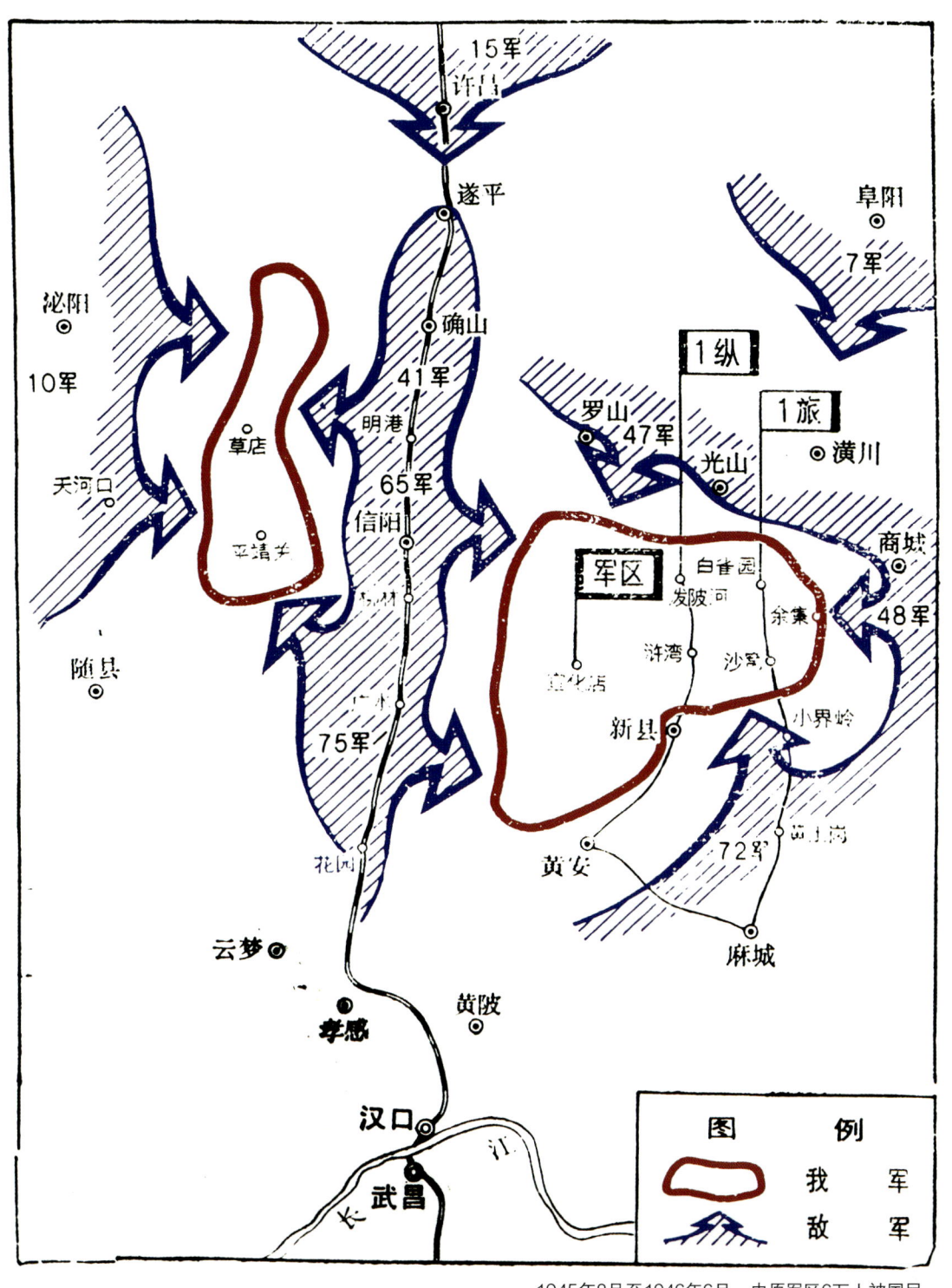

1945年8月至1946年6月,中原军区6万人被国民党30万军队包围在方圆200里的宣化店地区

"皮旅"召开团以上干部会议，研究部署确定行动方案

　　形势十分严峻，旅部召开紧急会议，研究下一步的行动方案。会上，徐子荣综合大家的意见，经过深思熟虑，提出一个大胆地突围方案，即在掩护军区主力南北两路向西突围的任务完成后，皮旅为迷惑敌人，佯装尾随主力向西撤退，然后悄然隐蔽，待追敌过后，调转方向，出其不意地逆行向东，穿过大别山，到达苏皖解放区。这个大胆巧妙突围方案，赢得了旅党委一致认同。

中原军区第一纵队第一旅突围路线图

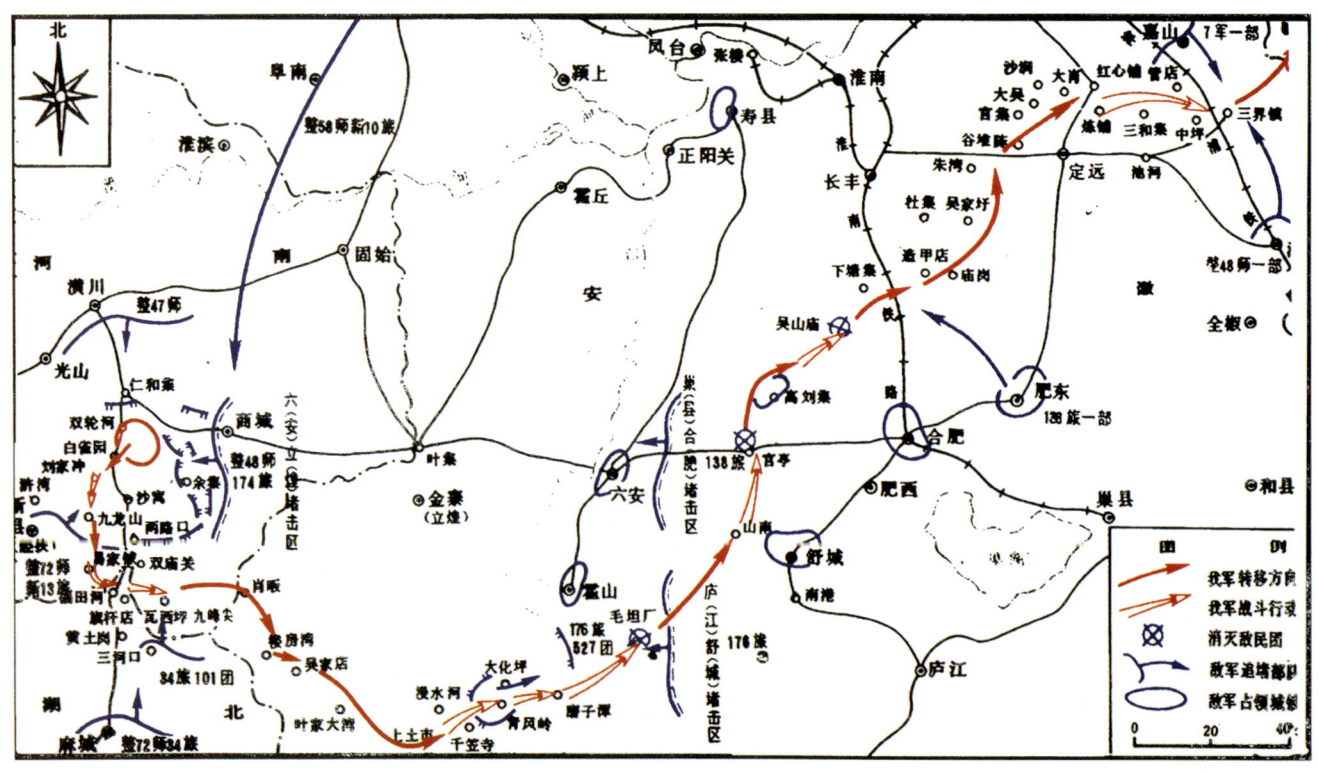

突围前，召开动员大会，统一思想，激励斗志

编草鞋

擦拭武器枪支

洗衣服和被子，做好行军准备　　准备干粮

6月26日拂晓，敌军发起进攻。皮旅以白雀园为中心，在东、南、西方向阻敌三个整编师又五个旅的围攻。经过三天三夜的浴血奋战，皮旅胜利完成了掩护主力部队转移任务。

1946年6月26日，敌军对皮旅驻防地白雀园发起进攻，皮旅与敌展开激战

阻击、迟滞敌人的进攻

部队故作声势，吸引敌人注意力

佯装中原军区主力部队与敌周旋

按照预定计划，为了迷惑敌人，皮旅围着白雀园绕了一圈，又转回到白雀园的刘家冲隐蔽起来。刘家冲处于两条公路交叉处，大批敌军沿着公路开进，与皮旅"擦肩"而过，竟然毫无察觉。6月28日，皮旅冲出刘家冲，向南急行军五十里，突破敌人的第一道封锁线，突然调转向东，又突破敌人的第二道封锁线，然后沿大别山山脉直奔苏皖解放区。

完成掩护任务后，趁着暮色快速甩掉敌人的追击

皮旅隐蔽在刘家冲的树林中

皮旅一部伪装成敌军直上九峰尖，控制住制高点

大别山主峰大牛山海拔1300余米，是鄂豫皖三省的关隘要道，西侧的入口瓦西坪已被敌人占领。徐子荣鼓动战士夺下瓦西坪，"用战斗胜利向党的生日献礼"！在暴雨中，战士们发起凌厉的攻击，敌人溃退逃散。皮旅的战士忍着饥饿和疲劳，连夜翻越过大牛山。

6月30日，部队经过瓦西坪时，遭敌夹击，部队当即给以猛烈回击

皮旅主力突破瓦西坪

皮旅向大牛山守敌隐蔽接近，实施突然打击

7月3日,皮旅进入大别山腹地金寨县吴家店。这里曾是红军的根据地,也是旅长皮定均、副旅长方升普的家乡。部队在此从敌人的军械库和粮仓中得到缴获补给,进行短暂的休整。刚取得与延安的联系,就收到总部的急电,电文催促部队:"快走!关机!快走!"

7月3日,皮旅抵达安徽省金寨县吴家店,在此休整三天,补充粮食,恢复体力,总结经验,动员部队继续东进。图为吴家店休整时旅司令部的住址

休整中,战士在编织草鞋

部队在崇山峻岭中向东挺进

7月7日，部队继续向东行进，沿途山高路险，沟深坡陡，河多林密。在暴雨中长时间地强行军，战士们腿肿脚烂，举步艰难。

　　7月9日，皮旅进入"一夫当关，万夫莫开"的霍县青风岭。此时，青风岭已被敌人的先头营严密封锁。敌人万没料到皮旅进军的速度如此神速，还没等到主力的到来，便被一举歼灭了。皮旅又一次惊险闯关。

指挥员隐蔽在山头侦察敌情

攻占青风岭后，迅猛追歼逃敌

磨子潭俨若大别山门户，过了磨子潭便是广阔的皖中平原。敌人早已在此设置了防线，并且还有大部队增援。皮旅无险可依，必须赶在援敌到来之前强渡磨子潭。皮旅一部先期过河与对岸之军发生激战，最终控制了渡口。全旅冒着敌人的炮火，抢渡磨子潭，突破了大别山最后一道险关。

　　战士咬紧牙关，以钢铁般的意志，四昼夜强行五百里，提前预期一天，跨过了皖中平原。

在敌人火力封锁下，指战员在齐腰深的激流中渡过磨子潭

制作简易木筏，渡过激流

7月12日，皮旅经过大别山东麓出口处的毛坦厂（镇）时，歼敌民团20余人，打开出山通道，准备进入皖中平原

皮旅进入皖中平原后，昼夜兼程急行军

在硝烟掩护下，部队快速通过铁路

跨过津浦路，就是苏皖解放区。敌人在沿线大小车站部署了正规军，飞机不断沿铁路上空侦察。7月20日，皮旅对铁路、碉堡、据点及装甲列车实施爆破，经过三个小时的激战，终于闯过津浦铁路，进入苏皖解放区。

由于突围方案缜密、设想大胆巧妙、线路选择正确、战机把握得当，皮旅经过二十多次大小战斗、24昼夜急行军两千里，6000多人的队伍建制齐整地突出重围，以最小代价换取到了最大胜利。皮旅中原胜利突围，成为了解放战争中的一个奇迹！

津浦铁路两侧残留的敌人碉堡

部队到达苏皖解放区，受到热烈欢迎

部队到达盱眙县解放区，受到当地政府和群众的热烈欢迎，全旅上下欢呼跳跃。华中军区张鼎丞、邓子恢等领导听到"皮旅"突围后还有五六千人时，连称："大喜事啊！大喜事！"《解放日报》连续报道了"皮旅"胜利突围的消息，发表了《谨向皮定均将军所部致敬》的文章。毛泽东得知后赞叹道："真不简单，一个旅还是一个旅。"周恩来对皮定均说："你带的那个'皮旅'打仗真行，虽然只有一个旅，中央当作一个方面军来用哩！"

苏皖解放区军民欢迎皮旅突围官兵

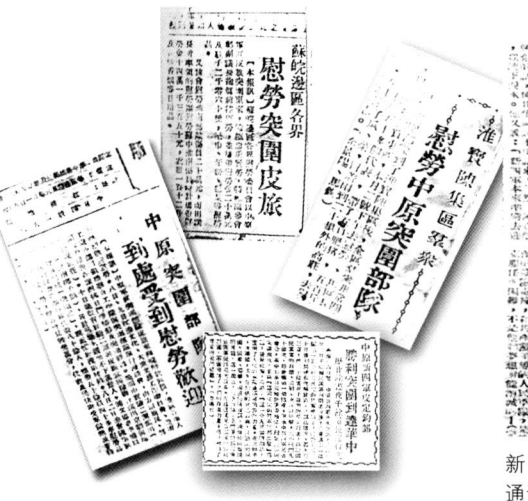

《解放日报》淮阴版连续报道皮旅胜利突围抵达苏皖边区的消息和当地群众慰劳部队的情况

新华社记者徐敏撰写的长篇通讯《中原东路突围记》

突围中部队23名女战士无一人掉队

皮旅顺利到达解放区后，《解放日报》《新华日报》纷纷发表评论和消息，介绍突围情况

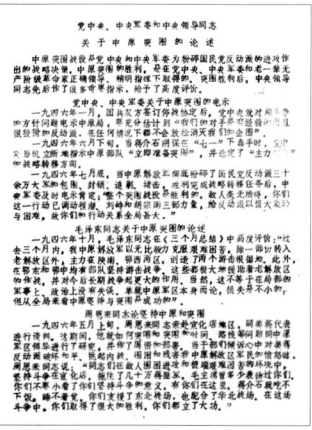

党中央、中央军委关于中原突围的论述

附：皮定均《铁流千里》记述徐子荣政委的章节摘录

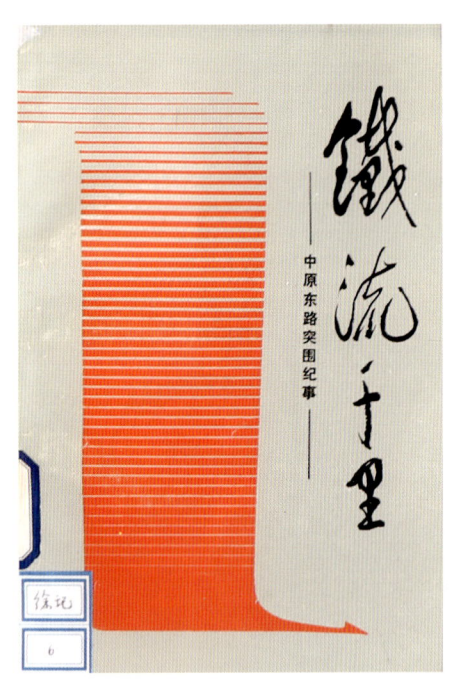

　　我们接受任务回到白雀园，已经是六月二十五日清晨了，稍稍合了一会儿眼，立即就召开了旅党委会议，制定执行任务的作战计划。各团负责同志都从驻地赶来参加，他们以同样兴奋的心情和高度的责任感，一致表示坚决执行纵队党委的命令和旅党委的行动方针。接着，我们讨论了在完成了掩护任务之后，我们自己怎样突出重围的战斗步骤……

　　黄昏时候，我们的会议还在进行，子荣同志几乎没怎么说话。他有时来回踱步，沉入深思；有时停下，静静地听同志的发言；有时凑着灯光，用红蓝铅笔在袖珍地图上打着记号，香烟一支接一支地没有熄灭过。他声音沉稳，比划着手势，持重地斟酌着每一个字："我想这样，等主力过了铁路，我们是否可以先虚晃一枪，伪装跟在主力后面，走他一天或半天，就很快隐藏起来，闪过敌人的锋芒，然后出敌不意地来个回马枪，向东前进。这样敌人对我们捉摸不定，等他弄清楚我们的行动，我们至少已经走出好几百里了。"他又点燃了一支烟，缓缓地挥动着火柴棒："我还没有考虑成熟，大家看看怎么样，这个办法行不行？"子荣同志的意见引起了大家的重视，同志们都热烈的表示赞同。方升普同志用铅笔在地图上指着说："由于主力突围的行动，敌人可能最不注意这个方向，我们一下子跳到他的后方，跟敌人打个捉迷藏，等敌人进攻到腹地扑空，来不及回头时，我们就转身东去。"参谋长张介民同志也笑着说："是啊，我们刚才没想到先拐几个弯，其实，兵法上早提到了，避实就虚，实实虚虚嘛！"其他同志也跟着补充了具体的行动细节。子荣同志回头问我："老皮，你看怎么样？"

　　从我们进入豫西以来，子荣同志不仅在掌握党的政策方面和政治工作方面，起了主导作用，并且在军事指挥上，他也提出过许多宝贵意见。他的冷静、细致、深思熟虑的工作作风，给我们非常深刻的印象。怎样突出重围，我也经过多方面的考虑，我完全同意他的意见。

八　征战四方　所向披靡

　　皮旅中原突围到达苏北，正赶上华中野战军苏中"七战七捷"的尾声。皮旅划编为华野第十三旅，参加了高邮守备战、邵伯保卫战、盐城保卫战。在两淮保卫战、涟水保卫战中，与国民党王牌"御林军"74师两次交手，让骄横的张灵甫尝到了皮旅的强悍。

　　两淮保卫战：1946年9月，国民党集中十万兵力，直逼华中军区司令部所在地淮阴和淮安，妄图割断苏北与山东两个解放区的联络，消灭华中野战军。9月14日，皮旅赶到淮阴，皮定均和徐子荣亲临前线部署反击。17日、18日，在数十架飞机和炮火的支援下，敌人开始以整团的兵力疯狂地向我阵地进攻连续五昼夜，在淮阴保卫战中，皮旅坚守阵地，歼敌之有生力量，掩护华中党政机关和群众安全转移。

粟裕司令员在华中野战军中高级干部会议上，总结在苏中作战3个月来的经验

传达学习华中分局、华中军区《关于淮阴撤退后时局与任务的指示》，为连续作战的艰苦斗争做准备

1946年9月13日，皮旅奉命由高邮急驰淮阴设防。前卫二团于14日凌晨赶到淮阴，奉命在淮阴城西南的杨庄、西坝、王营等处沿黄河故堤抗敌。图为官兵构筑防御工事

皮旅二团在杨庄阵地布防，阻击敌整编74师58旅的进犯

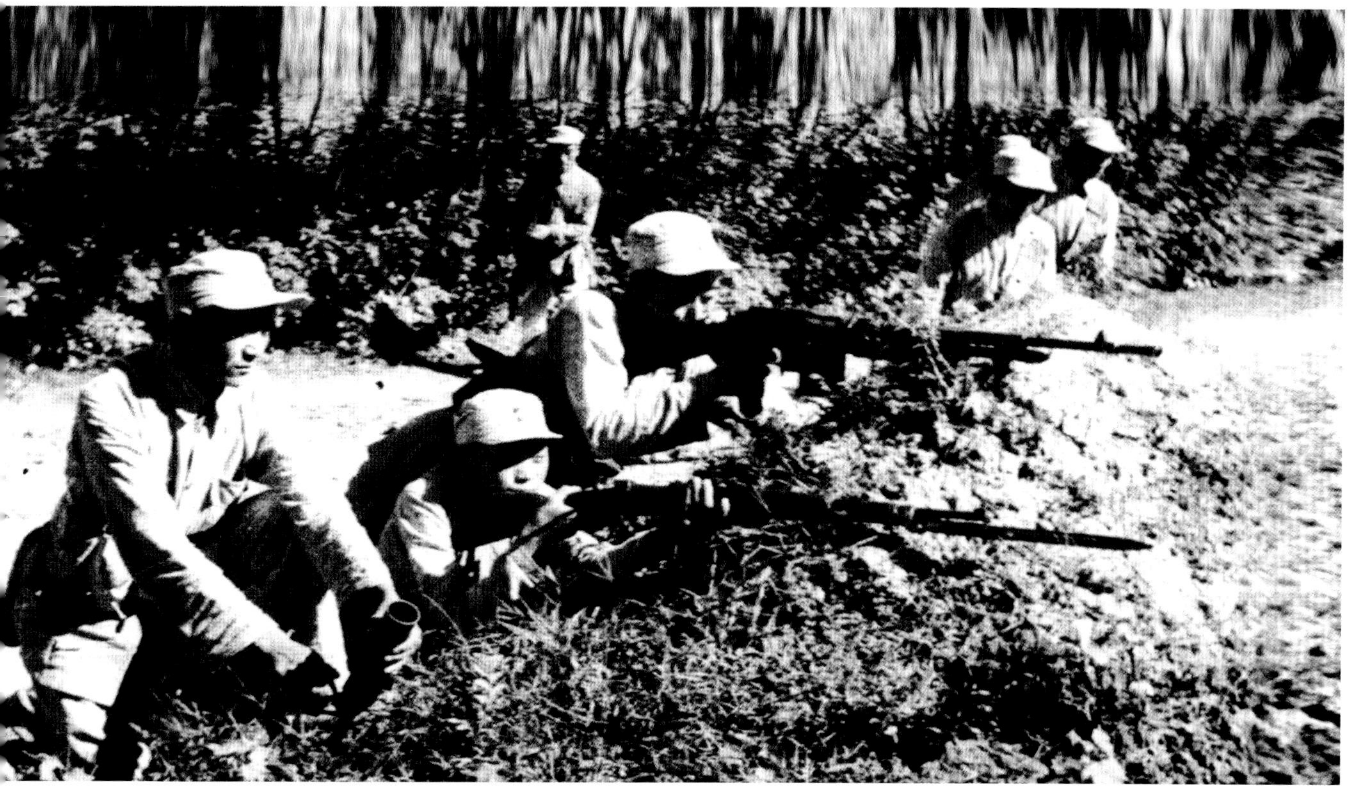

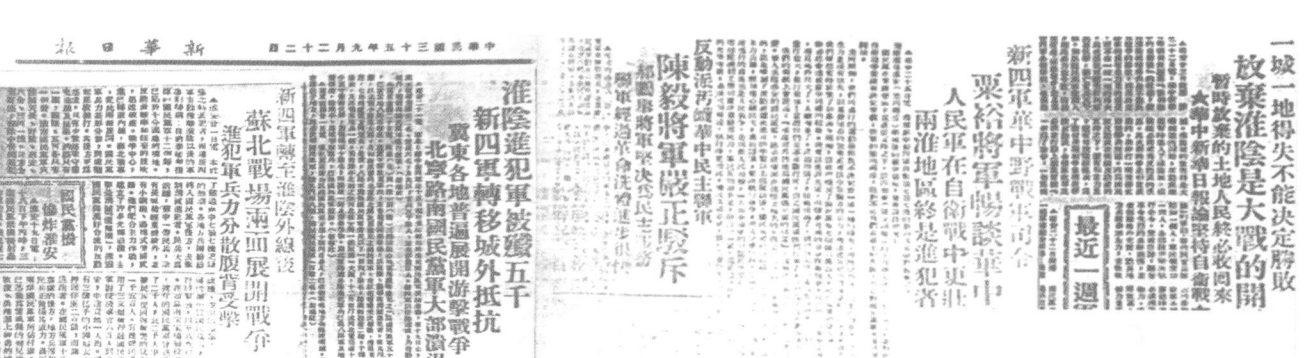

皮旅官兵在前沿阵地狙击敌人

一城一地得失不能決定勝敗
放棄淮陰是大戰的開
暫時放棄的土地人民終必收回來
大衆中新華日報論堅持自衛戰

最近一週

新四軍華中野戰軍司令
粟裕將軍暢談華中
人民軍在自衛戰中更壯
兩淮地區終是進犯者

反動派丙城華中民主聯軍
陳毅將軍嚴正駁斥

新華日報 中華民國三十五年九月二十一日

淮陰進犯軍被殲五千
新四軍轉移城外抵抗
冀東各地普遍展開游擊戰爭
北寧路南國民黨軍大部潰退

新四軍轉至淮陰外線後
蘇北戰場兩面展開戰爭
進犯軍兵力分散腹背受擊

國民黨機轟炸淮安

《新华日报》1946年9月21日至25日连载两淮保卫战的战况

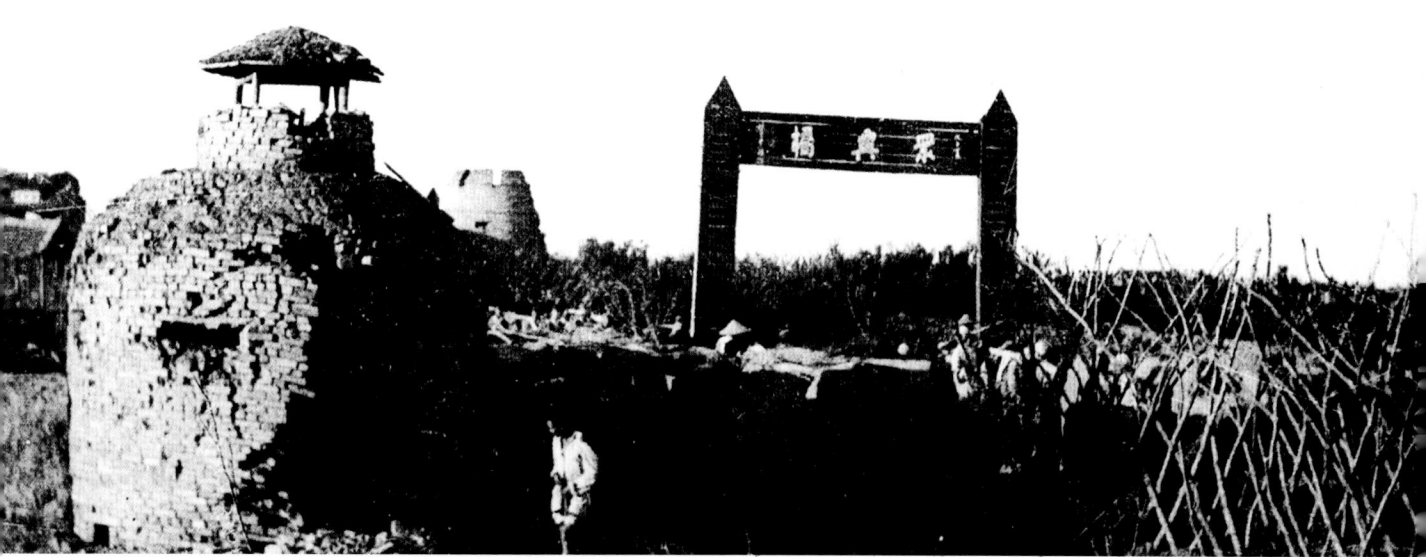

被克之敌在运河的桥头堡

皮旅团以上干部深入所属部队进行战前动员

涟水保卫战：1946年10月19日，蒋军74师、28师在飞机、大炮掩护下，向涟水城大举进犯。涟水战役历时14昼夜，歼敌9000余人，其中毙、伤、俘74师6000余人，皮旅再次给趾高气昂、不可一世的整编74师以沉重的打击。

9月21日，皮旅奉命从涟水以西20余里的刘皮镇张老集东进南下至涟水城西大关盐河堤和城南淤黄河北岸大堤占领阵地，赶修工事。图为旅首长带领营以上干部部署战斗

皮旅在黄河岸边的阵地打击进犯之敌

盐城保卫战： 1946年11月下旬，敌两个师共四个旅进攻盐城。12月4日，皮旅前来驰援，与敌发生激战，毙敌400余人。7、8两日，皮旅将进敌击退，歼敌600余人。10日，与敌激战3天，击退敌人的七次进攻。16日，皮旅再次予敌以重创，毙伤敌1500余人，阻敌北犯，结束了盐城保卫战，完成了掩护苏中军区和主力转移任务。中央军委对盐城保卫战的大捷传令嘉奖。

战斗打响前，指挥员进行战前动员

皮旅机枪手掩护部队前进

关于盐城保卫战的有关报道

设在制高点的机枪阵地给敌人以沉重打击

1947年1月，遵照中央军委命令，华中和山东野战军并为华东野战军。皮定均任华东六纵副司令，皮旅番号改为华东一纵独立师，师长方升普，政委徐子荣。

孟良崮战役

独立师参加了鲁西南战役、莱芜战役，再次与冤家对头敌74师在孟良崮相遇。

1947年3月，国民党从全面进攻转为重点进攻，集三个兵团齐头并进进犯山东解放区。蒋第74师孤军冒进，陈毅、粟裕抓住有利战机，以"百万军中取上将首级"的气魄，集四个纵队打援、五个纵队围歼，采用中央突破，猛虎掏心的战术，与蒋军王牌劲旅决战。

1947年陈毅（左一）和粟裕（左二）在孟良崮战役前线

徐子荣政委率领独立师第三次与74师较量。从敌74师和敌25师的空隙楔入，实施合围。而敌十个整编师对我反包围，态势险峻，一场大兵团作战即刻爆发。15日凌晨3时，华野发起总攻，双方打得难解难分。至16日黄昏，独立师与兄弟部队占领了六〇〇高地，敌军纷纷就擒，强悍的74师师长张灵甫被当场击毙。孟良崮战役彻底粉碎了蒋介石对山东的重点进攻。一纵独立师在此次战斗中勇猛顽强，对围堵七十四师起到至关重要的作用，受到华野首长的表彰。一团团长王诚汉临机决断，指挥得当，被记大功，这是华野对孟良崮战役所授予的最高奖励。

尔后，独立师继续攻克费城、滕县，并参加了胶河战役。

部队向孟良崮迂回穿插

孟良崮战役态势图

孟良崮战役穿插迁回战斗经过图

孟良崮战役穿插迁回战斗经过图

炮兵指挥员向当地群众了解地形情况

皮旅官兵向540高地守敌发起冲击

占领有利地形阻击逃敌

张灵甫,陕西西安人,黄埔四期,乃抗战时期国民党名将,又系蒋介石爱将,日军对张灵甫十分惧怕,称之为恐怖将军,但在解放战争中败在我华东野战军手下,死于孟良崮之战

俘房

官兵在战斗结束后胜利而归

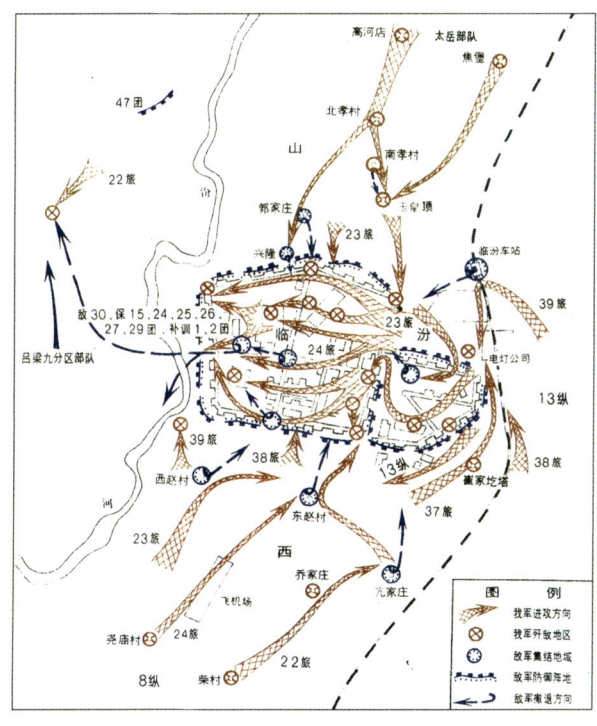

临汾战役示意图

为了配合中原和西北我军作战,晋冀鲁豫军区决定徐向前任司令员,率两个纵队五万多人发起临汾战役。1948年3月,十三纵到达临汾。临汾守敌有25000人,筑有坚固防御体系。在炮火不占优势的情况下,我军实施坑道爆破的攻坚战,历经72天,全歼守城之敌。临汾战役打得异常艰苦,部队伤亡较大,徐向前评价此战是**"伤亡大,胜利大,锻炼大"**。

1947年下半年,解放军转入全面进攻阶段。12月下旬,根据中央军委命令,独立师回到晋冀鲁豫战场,进入华北野战军建制。1948年2月,独立师在邯郸改为十三纵队,徐子荣任政委。进入华北战区历时一年半,十三纵队历经临汾、晋中、太原三大战役。

临汾战役

徐向前司令员指挥华北一兵团对山西阎锡山展开的临汾、晋中、太原战役

1948年徐子荣政委

攻打临汾东关的突击队员合影

指战员在战前用砖头作沙盘研究作战方案

东关之战，部队战士日夜赶挖攻城坑道

机枪手压制敌火力点

指战员发起冲击

爆破手实施连续爆破

东关战斗中，我军将红旗插上敌碉堡

攻占敌66师197团指挥部所在的临汾面粉公司

占领临汾县政府

在火车站担任警戒

中共中央委员会发来的庆祝临汾
战役胜利的贺电

模範紀律的第二連

109团8连战士冯银志在拔除东关
6号碉堡中荣立特等功，被誉为
"孤胆英雄。图为相关报道

獨膽英雄馮銀志

晋中战役

临汾战役后，阎锡山5个军15万人守备在太原南线的晋中。中央军委批准华北一兵团发起晋中战役。6月7日起至7月中旬止，晋中战役历时一个月，歼敌10万余人。阎军第7集团军总部及5个军部，9个师，两个总队被全歼，其中有数百名充当阎军指挥官的日本军官。晋中的平遥、介休、太谷、榆次、交城等14座县城全部解放。

每次临战，徐子荣都要到前线了解情况，调动战士必胜的信心和勇气，解决一些实际问题。晋中战役中，一位团长为了减少伤亡放弃了阵地，司令员要按军法处置他。徐子荣马上和司令员一起来到阵地，认真地观察地形，听取当时的战况。徐子荣认为当时撤离阵地是正确的，错误在于未经请示便擅自撤离。他批评了这位团长的同时，也请司令员收回了处杀令。这位团长深受感动，在接下来的战斗中屡立战功。

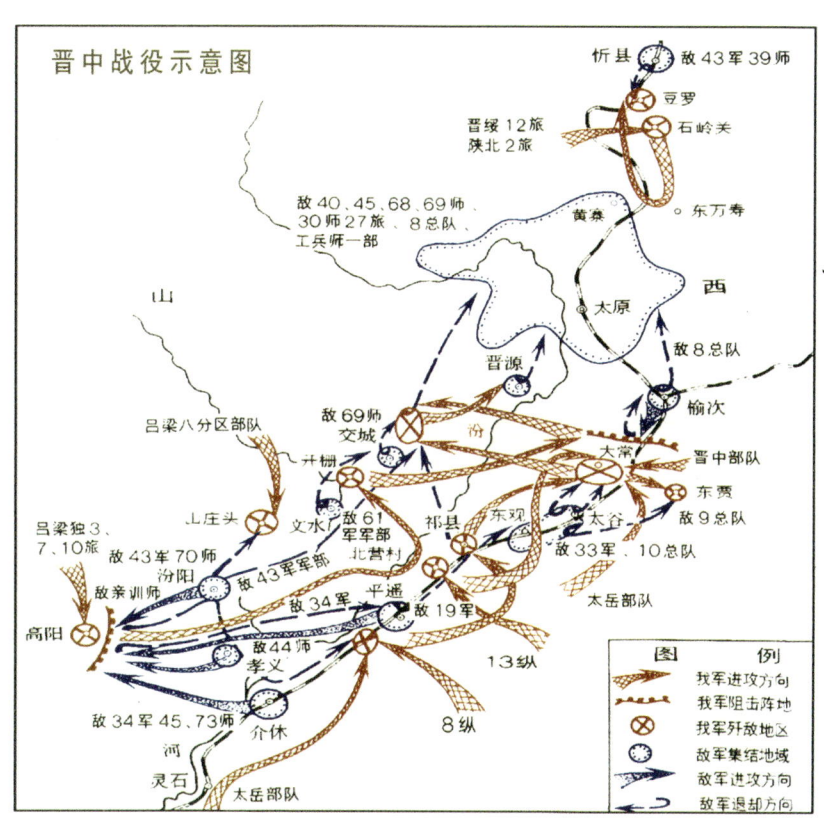

晋中战役示意图

指战员纷纷报名，要求参加突击组

大常镇战斗中，部队攻占城墙

张名村战斗中，部队沉着应战，顽强打击敌人　　　　突击队员绑满手榴弹，做好战斗准备　　　部队通过敌人封锁线，迅速进入阵地

攻占大常镇后，战士在沿街搜索残敌

向晋中城内突击前进

突入城内后继续追击歼灭敌军

向敌人发起冲击

在大常镇战斗中，被俘虏的阎锡山第10总队部分军官

向敌阵地发起冲击

部队向南畔村、南黑窑地区之敌发起猛攻，俘敌亲训师943人

战士们从爆破口进入村中

太原战役

1949年春，淮海、平津战役胜利结束，解放太原时机成熟。2月，中国人民解放军统一编制序列，华北一兵团编为十八兵团，十三纵被命名为中国人民解放军第六十一军，韦杰为军长，徐子荣为军政委。4月24日发起总攻，太原守敌8万人负隅顽抗。我军的三个兵团由东、南、北三个方向攻城。十八兵团六十一军所部仅用15分钟首先攻克太原东大门，将红旗插上城楼。之后，迅速突入城内与敌巷战，直指阎锡山督军府。在我军四面围攻冲击下，守敌全部就歼。至此，山西结束了土皇帝阎锡山长达38年的统治，太原宣告解放。

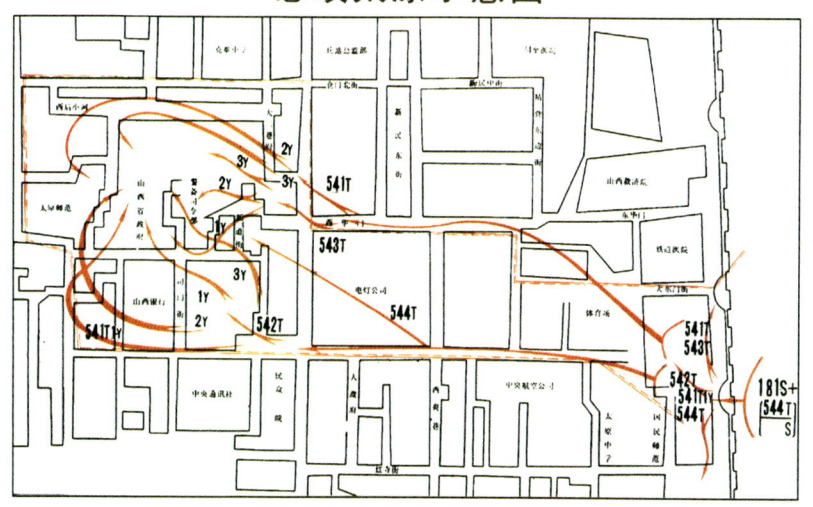

总攻太原示意图

总攻前，突击队员准备炸药

战士们在战壕内书写标语，决心攻下太原城

1949年5月1日，中国人民解放军太原前线总前委扩大会议留影

前排左起：唐延杰、王道邦、罗瑞卿、王紫峰、匡裕民、陈漫远、韦杰、罗贵波、周士第

二排左起：杨成武、杨得志、耿飚、彭绍辉、彭德怀、刘忠、徐子荣、袁子钦、不详、潘自力、李志民、王昭

三排左一戎子和、右一余述生

后排左二起：郑维山、胡耀邦、王宗槐、曾思玉、萧文玖、王新亭、文年生

攻城部队把红旗插上太原城

部队勇猛冲进敌太原"绥靖"公署,生俘"绥靖"公署副主任孙楚、太原防守司令王靖国等敌军高级将领

指战员在战火中转移老百姓

指战员在阵地上吃饭

解放太原后，军民举行盛大的游行庆祝活动

徐子荣离开山西五年之后，再度兵发太原，打
败阎锡山，彻底解放了山西，意绪难平，兴致
勃勃地与家人留下这张小聚的合影
后排中间徐子荣、左一乔华堂、左三黄翠英、
前排左二徐清漳、左三孟松涛、左四李国璋

每次临战，徐子荣总是身临前线，鼓励指战员的斗志，实事求是地解决实际问题，受到徐向前司令员的赞许："**徐子荣同志不但政治上强，是一名好政委，而且懂军事，指挥作战也是一把好手。**"

有关太原解放的报道

六十一军军长韦杰为一八一师授旗

五四一团八连荣获六十一军授予的"尖刀英雄连"锦旗

一〇九团五连荣获纵队授予的"飞跃突破"锦旗

五四一团八连在邱沟战斗中，大胆插入、迅速切断敌人退路，荣获六十一军授予的"插入敌后，全歼守敌"锦旗

五四二团一连二班在攻打东山头时，机智灵活地摸进敌人暗道，被六十一军授予的"摸敌能手"锦旗

五四二团八连在攻占太原城后，严守纪律，秋毫无犯，荣获六十一军授予的"政策纪律模范"锦旗

1949年4月，六十一军划归第一野战军，在彭德怀指挥下向西北进军。6月11日，参加西安入城式。胡宗南和马步芳、马鸿逵纠集17万兵马，企图反扑，夺取咸阳、西安。6月12日，敌骑兵第八旅冲到咸阳，六十一军经过13个小时的战斗，毙伤俘敌第二四八师师长以下2000多人。6月15日，敌遂向西逃窜。

山西人民热烈欢送子弟兵西征

在十八兵团召开的向西北进军动员大会上，陈漫远副司令员宣读毛主席、朱总司令的进军命令

六十一军由山西风陵渡渡过黄河

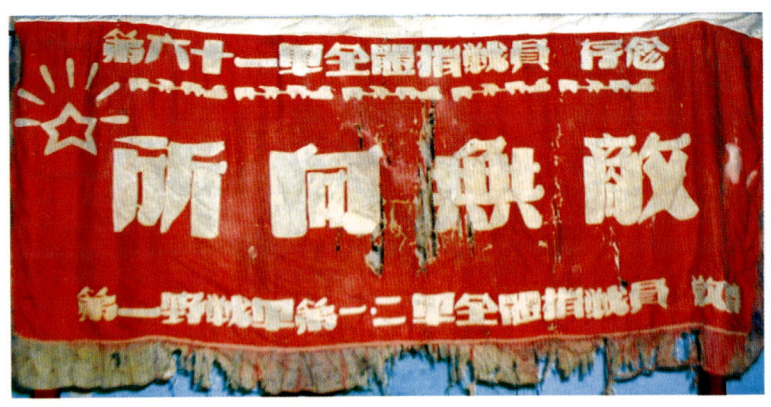

1949年6月11日，六十一军一八一师代表华北兵团举行声势浩大的入城式。图为西安市人民热烈欢迎六十一军的场面

第一野战军把"所向无敌"锦旗赠给六十一军

西安市各界人民把"为解放大西北而战"的锦旗赠送给六十一军

1949年7月，彭德怀司令员在第一野战军干部会议上讲话

咸阳防御战斗经过图

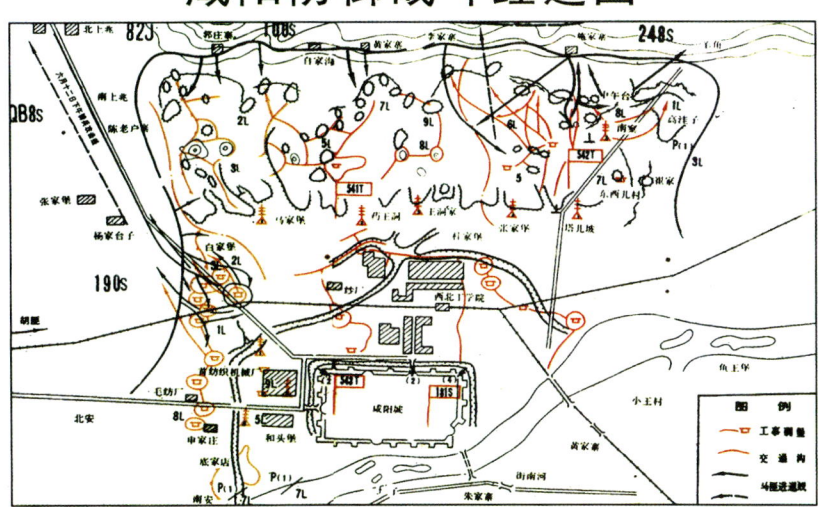

六十一军一八一师依托工事，狠狠打击"二马"

受领任务后，六十一军一八一师当日下午即涉水渡过渭河，开赴咸阳，在城东、北、西方向紧急布防。图为部队在抢修工事

在咸阳阻击阵地构筑防御工事

战士帮助群众转移

战斗发起前，指挥员在前沿阵地侦察敌情，察看地形

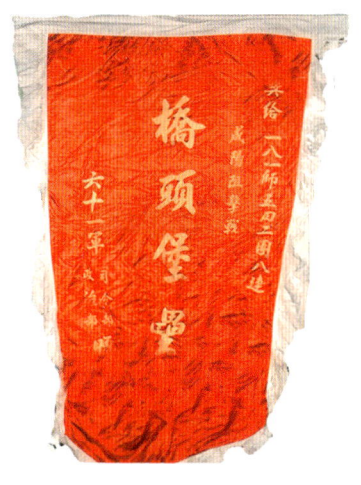

五四二团八连扼守咸阳城北阵地，打退敌9次进攻，毙伤敌300余人，被六十一军军授予"桥头堡垒"锦旗

彭德怀司令员称赞六十一军一八一师咸阳阻击战"打得好"，西安人民向部队赠送的"百战百胜"锦旗

六十一军授予五四三团一连"钢铁堡垒"锦旗

向敌人主阵地奋勇冲击

我指战员在烟雾掩护下，冲向敌人阵地

攻占庙宇

登上云梯发起攻击

战斗胜利后，群众提着饭菜、开水送往阵地慰问官兵

六十一军在加强对敌军事打击的同时，也加大了对敌的政治攻心。图为战士们在战壕内向敌人进行政治喊话

战前动员时，指战员充满高昂的战斗情绪

《征战四方》一书以恢宏的战场全景，展现了十三纵、六十一军在徐子荣政委率领下，南征北战、所向披靡的辉煌战绩

8月19日，六十一军向宝鸡集结，挺进川北

徐子荣所率部队是他从太行和豫西一手带出来的，他和这支部队生死与共、朝夕相处了五年之久，在徐子荣和部队其他领导同志的培育下，部队从千百人发展壮大到上万人，中原突围一仗，拉开了解放战争国共两党生死较量的序幕。随后，又马不停蹄、旋风般地驰骋在中原、华东、华北、西北、西南五大战场，纵横130万平方公里，一直打到1949年底，于四川三台结束了解放战争的最后一役。经过战火锤炼，这支部队成为中国人民解放军中一支军事过硬、作风强悍、纪律严明、骁勇善战的重要战斗力量，为中国人民的解放事业和新中国的诞生屡建奇功，挥写出一幅气势磅礴的征战画卷。

1949年10月18日，徐子荣在宝鸡接到中央通知，调他到公安部工作。硝烟未散，征尘未洗，怀着依依不舍的心情，徐子荣告别了军旅生涯，赶往北京接受新的任务。

皮旅首任政委

南征北战　戎马一生

篆刻：曹菊安

1949年10月，徐子荣从宝鸡前线到北京赴任，途经河南开封，想起二十年前领导农民暴动躲避国民党当局通缉时走的就是这条路。如今，他以胜利者的姿态再次踏上这条路，内心不胜感慨。在开封他与久别的家人和战友拍了这张合影
前排右三为徐子荣，右四为大哥徐中和，右五史相生，右二欧阳景荣。后排右三为大女儿徐萍兰，这是他们父女第一次相聚

新中国成立以后

1949年11月5日，中央人民政府公安部在北京举行成立大会

九　殚精竭虑　保卫新生政权

1949年

　　10月1日，中华人民共和国宣告成立。一个月后（11月1日），中央人民政府公安部正式成立。中央任命罗瑞卿为公安部部长，杨奇清为副部长。公安部成立初期，机构设置为六局一厅。即办公厅、一局（政治保卫局）、二局（经济保卫局）、三局（治安行政局）、四局（边防保卫局）、五局（武装保卫局）、六局（人事局）。另外还有中央公安干部学校、新生公学、直属武装部队。陈龙为一局局长，从四大野战军分别又调来军政委级干部雷荣天、卓雄、邓少东、蔡顺礼，分别任二局、三局、四局、五局局长。徐子荣被罗瑞卿点名调来任办公厅主任兼人事局局长。

公安部办公厅主任兼人事局局长徐子荣

前排从左至右：邓少东、雷荣天、卓雄、罗瑞卿、杨奇清、蔡顺礼、刘复之
因徐子荣尚在进军西南前线，未到京参加公安部机关的成立大会

1949年11月5日，罗瑞卿主持召开中央人民政府公安部成立大会，会后全体干部合影

1950年

1月5日，中央批准公安部建立中共党组，罗瑞卿为党组书记，徐子荣等六位同志为党组成员。

徐子荣遵照党中央的要求，协助罗瑞卿同志制定了公安工作一系列的方针、政策、法规，建立工作制度，掌握了解情况，为公安战线的组织机构建设、业务建设、干部培训做了大量的工作。在人事工作方面，徐子荣始终坚持党的"任人唯贤"的干部路线，既重视使用工农干部又重视知识分子出身的干部。为了保证公安队伍政治思想上的纯洁性，徐子荣要求按照人民解放军的做法，负责对干部的教育、培训、考核，为建立一支强有力的人民警察队伍费尽心血。

10月10日，中共中央发出《关于镇压反革命活动的指示》（简称"双十指示"），毛泽东亲自领导了大镇反，公安部在全国范围内开展了为期三年的镇反运动。

与此同时，公安部召开了第一次全国治安行政工作会议，决定同盗匪流氓、反动会道门、烟毒馆、妓院等各种社会丑恶势力作斗争，由于公安机关措施果断得力，很快"污泥浊水"就被荡涤干净，社会风气大为好转。

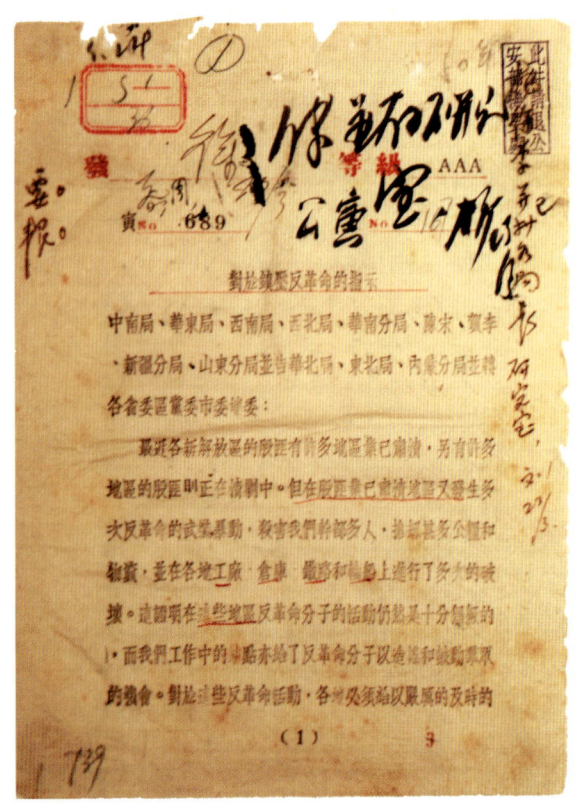

1950年3月，公安部向各地公安机关发出《对于镇压反革命的指示》

1950年10月，参加第二次全国公安会议人员合影
前排左起：李启明、周兴、许建国，苏联专家，左六起罗瑞卿、杨奇清、卜盛光、李士英、王再天，右一谭政文
第二排右一刘复之、右二卓雄、右三李国璋、右五徐子荣、右六孟昭亮、右七雷荣天、右八蔡顺礼、左三严定础、左一姚民
第三排右一王仲方、右二梁国斌、右五陈复生、右六王平、右八冯基平

1950年，徐子荣同公安部人事局全体干部合影
左五徐子荣、左四严定础（人事局副局长）、左七郝荣跃
前排左五孟松涛（干部处处长），其前边所抱男孩是她的儿子。旁边蹲着的男孩是罗瑞卿儿子猛猛

1951年

公安机关的性质决定了公安工作的重要性。徐子荣深知公安工作责任大、担子重，凡是他主管的工作，不论是文件、报告还是总结，常常是亲自审改，字斟句酌，一丝不苟。对业务局和各地送的材料一般都批上意见，不讲模棱两可的话。对下面送来的请示报告，不清楚的他都找有关同志商量和亲自调查研究。

公安系统开展了"三反运动"（反贪污、反浪费、反官僚主义），徐子荣抓住公安系统存在的问题，要求在"三反"中把存在的坏思想、坏作风、坏习气坚决革除掉。

5月10日—15日，公安部召开第三次全国公安会议，会议总结各地镇反运动的情况，确定采取谨慎收缩方针，集中力量处理积案。

9月11日—17日，公安部召开第四次全国公安会议，检查第三次全国公安会议决议的执行情况，总结镇反运动开展以来的经验。

1951年5月中旬，毛泽东等中央领导同志在公安部机关与出席第三次全国公安会议的代表合影
第一排：左10毛泽东、左11彭真、左9罗瑞卿、左8杨奇清、左7周兴、左6卜盛光、左5谭政文、左4李启明、左3徐子荣、左1龙潜、左12汪金祥、左13许建国、左14陈养山、左16杨光池、左17冯基平、左18王再天
第二排：左3苏毅然、左4覃应机、左7秦传厚、左8屈成仁、左9季明、左11葛申、左13闫定础、左14王仲方、左15席国光、左16石广平、左17李国章
第三排：左1陈一新、左2欧阳毅、左5李丰平、左6刘明辉、左8宋烈、左11王赤军、左12卓雄、左13邓少东、左14解民愠、左15卢富贵、左17李广祥
第四排：左3王卓如、左4雷荣天、左5蔡顺礼、左6冯纪、左10徐启文、左12刘伟、左14刘子毅、左15李永悌、左16黄赤坡、左18李握如、左19关子展、左20刘复之、左21张德含、左22汪东兴、左24叶子龙

公安部人事局局长的徐子荣在全国第一次公安人事工作会议上提出，公安人事工作首要任务是保证党在公安部门的绝对领导，人事部门要像解放军政治机关一样，对公安机关起到政治保障作用。根据中央《关于解决公安干部干问题的指示》，这次会确定了一整套调配、训练、提拔公安干部的措施，大批部队干部和青年知识分子充实到公安队伍中，全国统一的人民公安体制从各行政大区、省、市到县、区、乡村很快建立起来。

1951年6月，罗瑞卿、徐子荣等领导与出席第一次全国公安人事工作会议代表合影
前排正中罗瑞卿、左六徐子荣、左八陈龙、左九杨奇清、右七雷荣天、右九孟松涛

党中央、毛泽东历来高度重视公安工作，自公安部成立，公安工作的每项重大举措，都必须得到中央和毛泽东的认可和批准。在全军保卫工作会议上，毛泽东、周恩来、刘少奇、朱德同志针对公安工作的特殊性，分别做了重要题词。

为了强调公安工作的重要性，周总理在会上发表了：**"公安工作国家安危系于一半"**的著名讲话。

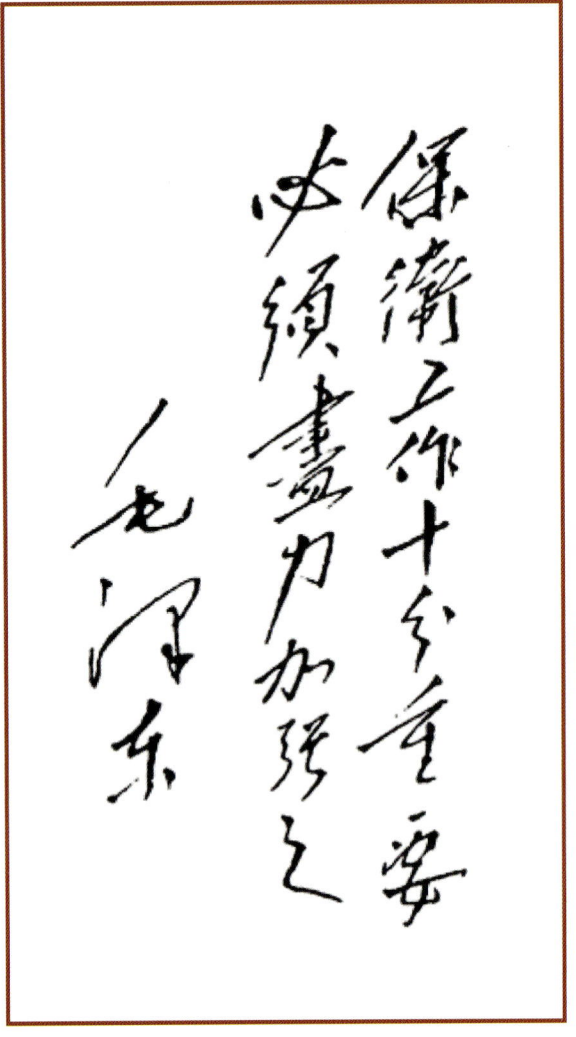

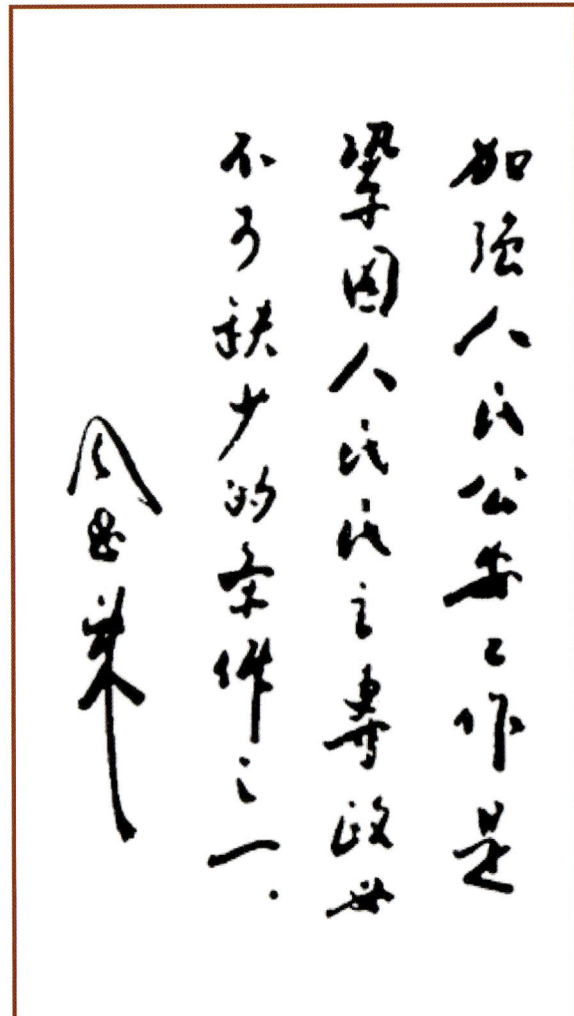

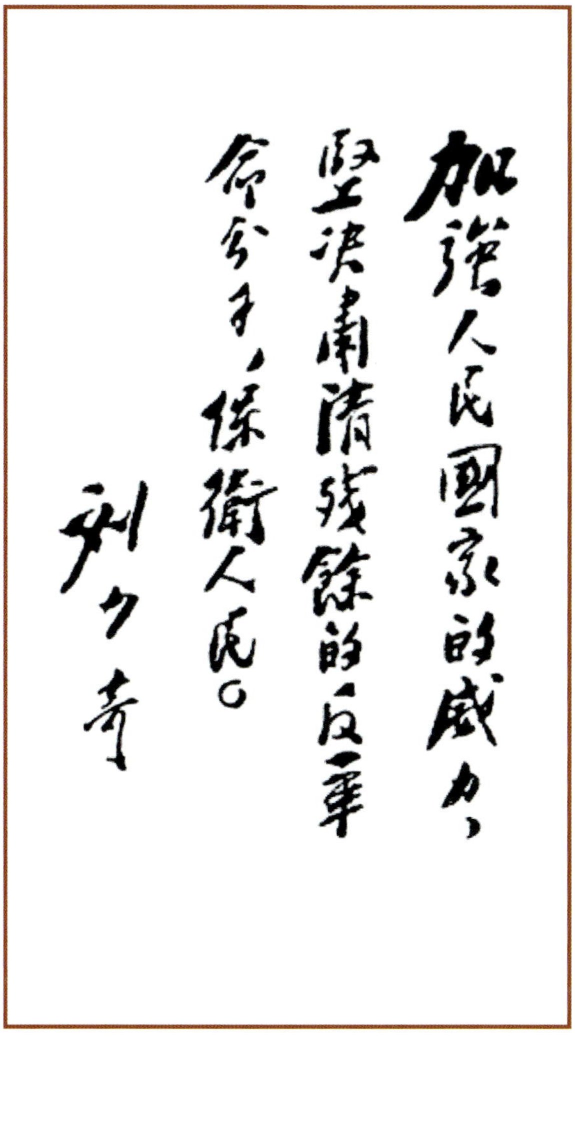

要反对骄傲与和平麻
痹的思想情绪，正确的
执行中共南方镇压反
革命的政策，坚决与反
革命份子进行斗争，
以澈底肃清一切暗藏的
敌人。

朱德

加强人民国家的威力，
坚决肃清残余的反革
命分子，保卫人民。

刘少奇

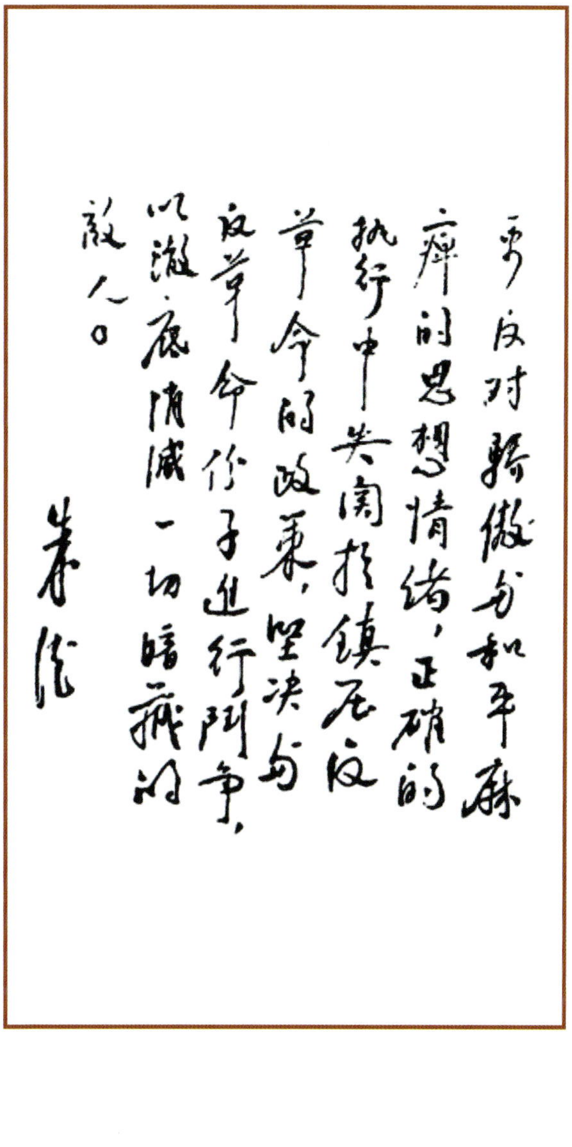

1951年9月，周恩来等领导人与第四次全国公安会议代表合影。3排右14为徐子荣

1952年

2月2日，中央任命徐子荣为公安部副部长（行政五级）。9月，又任命徐子荣为党组副书记、常务副部长。除分管办公厅、人事局外，还兼管治安、劳改、警卫、技侦等工作。

在罗瑞卿部长领导公安工作期间（10年），徐子荣一直是他的得力助手。罗瑞卿完全信任和充分放手，让徐子荣全面主持公安部的日常工作。在党组会上罗瑞卿宣布："我不在家时，公安部的工作由徐子荣负责"。其他部长外出，也都把自己分管的工作交给他。徐子荣熟悉各局业务，办事稳当，总能顺利协调各方关系把工作做好。

6月，公安部召开第一次全国劳动改造罪犯工作会议，中央批准成立中央劳改生产管理委员会，薄一波为主任，罗瑞卿为副主任，徐子荣等11位同志为委员。在中央领导下，劳改工作取得巨大成绩，伪满皇帝溥仪和大批国民党战犯都被改造成为新人。

10月，召开全国第五次公安会议，会议形成《关于建设公安部门政治工作决议》。

徐子荣被任命为公安部党组副书记、常务副部长

1953年

公安部决定撤销人事局，成立政治部。徐子荣副部长兼任政治部主任，各省市公安厅局、专署公安处，直至基层派出所，都建立了相应的政治部门。这种机构设置，一直沿用至今。

徐子荣根据中央领导意见对警卫工作做了重大改进，做到既要保证领导人的绝对安全，又不妨碍领导人接触群众，使警卫工作万无一失，从未出现过重大安全隐患，多次受到党和国家领导人和外宾的表扬。

1952年10月12日至18日，第五次全国公安会议代表合影

前排带 ▲ 标志的位置为徐子荣

公安部历来反对公安民警在执法过程中的违法乱纪的行为，1953年11月公安部向全国公安机关下发这部教材，教育公安民警在办案过程中要严格遵纪守法，坚决杜绝刑讯逼供

1954年

徐子荣主持"六公"大会开幕式,罗瑞卿在会上做了《加强人民公安工作》的报告。"六公"会议所确定大力加强同隐蔽的反革命分子作斗争的秘密侦察工作的方针,得到毛泽东和其他中央领导的充分肯定。

党内有人写匿名信(后查明是林伯渠夫人所写),揭露江青20世纪30年代在上海的丑事。江青极为恼火,找徐子荣要求将20世纪30年代的知情人当反革命统统抓起来。徐子荣没有照她的话做,为了弄清真相,防止事态扩大,公安部责成地方公安机关收集了大量的有关材料,集中封存在公安部保管,此事一直让江青心中忐忑不安。

2月,中共召开七届四中全会,批判高岗、饶漱石反党分裂活动。高岗抗拒挽救,于8月17日服用安眠药自杀。徐子荣第一时间赶到现场,从高岗身上搜出私下组阁名单,其中林彪不仅榜上有名,而且内定为"部长会议主席"。林彪虽然在"高饶事件"中侥幸过关,但这份名单却留在了公安部。

这些本来属于公安部的正常工作,在"文化大革命"中却被诬陷为"搞反革命黑调查",成为徐子荣的一大"罪状"。

徐子荣与周仲英合影。在草岚子监狱期间，周仲英患上严重的肺病，吐血不止，徐子荣甘愿冒着被传染的危险，在同一牢号护理他。解放后，周仲英曾任公安学院副院长，他们又同在公安部工作过一段时间，是战友和同事

1954年9月，徐子荣作为人大代表出席了第一届全国人民代表大会并同河南省代表团合影。二排左四为徐子荣

第 六 次 全 國 公 安

會 議 合 影 一九五四年五月二十八日

1954年5月17日，第六次全国公安会议在京召开，这次会议规模大、会期长，参加会议的有大行政区、省市区公安机关领导，还邀请地县派出所及厂矿企业、文教卫生保卫部门的同志列席，总计858人出席。罗瑞卿同志作大会报告，徐子荣同志主持会议。这次会议标志着公安工作由运动转为经常性工作。会议确定大力加强秘密侦察工作的方针，得到中央领导的充分肯定。图为毛泽东、刘少奇、朱德等党和国家领导人和与会代表合影

前排带 ▲ 标志的位置为徐子荣

1955年

12月，公安部召开第七次全国公安会议。罗瑞卿部长在会上做了《第六次全国公安会议以来的主要工作情况和1956年工作计划》的报告，徐子荣作《关于保卫农业合作化决议》的说明。

徐子荣副部长负责中央交办的大要案工作，侦办这类案件非常棘手，有如"刀尖跳舞"，压力大、存在一定的政治风险。他曾办理过江青、林彪和叶群的匿名信案，高饶案、潘杨案等案件。在办理潘汉年一案中找不到任何潘汉年投敌叛党的证据，徐子荣认为潘汉年不是敌特内奸，反倒是一个对党有大功劳的人。为使潘汉年早日解脱冤狱之祸，徐子荣客观公正地亲手拟写了结案报告。为了使结论更具有信服力，徐子荣在结案报告中列举了大量事实证明了潘汉年的清白，还煞费苦心地请出情报权威李克农同志在结案书上署名。徐子荣这些做法虽然在当时没能改变潘汉年的处境，但为潘杨案的最终平反提供了非常重要的依据。

會議合影 一九五五年十二月二十日

1955年12月，第七次全国公安会议召开。罗瑞卿部长作《第六次全国公安会议以来的主要工作情况和1956年工作计划》的报告，徐子荣副部长作《关于保卫农业合作化决议》的说明。图为毛泽东、周恩来等党和国家领导人和与会代表合影

前排带▲标志的位置为徐子荣

参加全国青年社会主义建设积极份子大会的公安人员留影 五五·九廿六、

1955年9月，徐子荣同参加全国青年社会主义建设积极分子表彰会的公安干警和治保积极分子合影

左四余光文、左六杨奇清、左七罗瑞卿、左八徐子荣、左九汪金祥、左十王昭、左十一孟昭亮

1956年

3月，徐子荣就镇反后的敌情变化及有关政策问题，到上海、江苏、浙江三省市的城镇农村进行实地考察。

中央政法小组决定成立审查积案五人小组，张鼎承任组长，徐子荣任副组长。

9月27日，中国共产党召开第八次全国代表大会，徐子荣当选为中央委员会候补委员。

1956年3月，徐子荣就镇反后的敌情变化及有关政策问题，到上海、江苏、浙江三省市的城镇农村进行实地考察

徐子荣在外地视察工作

中间为徐子荣、左七浙江省公安厅厅长王芳、左八刘复之

左二徐子荣、左三陆石、右一邢俊生

徐子荣在浙江考察
前排左一徐子荣、左二上海公安局局长黄赤波、左三福建省公安厅郑厅长
二排左一为王芳、左二姚艮、左三凌云、左四刘复之

时任公安部办公厅主任刘复之（左二），公安部一局局长凌云（左三），公安部人事局局长阎定础（左四），公安部二局局长孙震（左五），公安部办公厅姚艮（左六）、陆石（左七）、公安部八局局长岳欣（左八），徐子荣（左九）、黄赤波（左一）

1956年9月27日，徐子荣当选为中央委员会候补委员

中国共产党第八届中央委员会委员和候补委员名单

中央委员：

毛泽东	刘少奇	林伯渠	邓小平	朱 德	周恩来	董必武	陈 云	林 彪	吴玉章
陈伯达	蔡 畅	李富春	罗荣桓	徐特立	陆定一	罗瑞卿	徐向前	邓颖超	刘伯承
陈 毅	彭德怀	廖承志	李先念	陈 赓	聂荣臻	林 枫	张鼎丞	彭 真	乌兰夫
黄克诚	腾代远	肖劲光	谭 政	柯庆施	粟 裕	贺 龙	王首道	王维舟	邓子恢
李克农	杨尚昆	叶剑英	宋任穷	张云逸	刘 晓	李维汉	王稼祥	康 生	叶季壮
刘澜涛	刘宁一	薄一波	胡乔木	杨秀峰	舒 同	赖若愚	张际春	程子华	陈 郁
刘长胜	伍修权	肖 克	钱 瑛	王从吾	邓 华	马明方	张闻天	谭震林	刘亚楼
李雪峰	陈少敏	李葆华	许光达	王 震	曾 山	林 铁	郑位三	徐海东	肖 华
胡耀邦	赵尔陆	欧阳钦	习仲勋	刘格平	谢富治	安子文	贾拓夫	李立三	黄 敬
李井泉	吴芝圃	吕正操	王树声	陶 铸	曾希圣	陈绍禹			

候补中央委员：

杨献珍	王恩茂	杨得志	韦国清	罗贵波	张经武	谢觉哉	叶 飞	杨成武	甘泗淇
章汉夫	潘自力	李大章	许世友	帅孟奇	杨 勇	刘 仁	陈锡联	万 毅	张宗逊
周 扬	黄火青	李 涛	陈奇涵	陈漫远	徐子荣	黄欧东	古大存	李志民	刘澜波
苏振华	冯白驹	周保中	吴 德	奎 壁	张德生	区梦觉	范文澜	朱德海	邵式平
张启龙	黄永胜	李坚真	马文瑞	张霖之	张 玺	王世泰	阎红彦	桑吉悦希	张达志
高克林	赛福鼎	廖汉生	洪学智	章 蕴	徐 冰	江渭清	廖鲁言	宋时轮	谭启龙
周 恒	钟期光	陈丕显	赵健民	蔡树藩	钱俊瑞	潘复生	蒋南翔	江 华	韩 光
李 昌	王鹤寿	陈正人							

人民日报

1948年6月15日创刊 · 第2991号 · 地址 北京王府井大街117号

1956年9月
16
星期日

中国共产党第八次全国代表大会开幕

大会通过主席团等名单和会议日程
刘少奇代表中央作政治报告

开幕词

毛泽东

同志们：

中国共产党第八次全国代表大会，现在开幕了。（全体起立，长时间的热烈鼓掌）

从我们党的第七次全国代表大会以来的十一年间，在全中国和全世界，为了共产主义和人民解放事业而英勇奋斗和牺牲了的同志和朋友，是很多的，我们应当永远记念他们。（全体起立，默哀）

我们这次大会的任务，总结从七次大会以来的经验，团结全党，团结国内外一切可能团结的力量，为了建设一个伟大的社会主义的中国而奋斗。（热烈鼓掌）

...

大会代表资格审查委员会名单

大会代表资格审查委员会由二十九人组成...

大会主要议程

...

大会主席团名单

大会主席团由六十三人组成，名单如下：毛泽东、王稼祥、朱德、邓子恢、邓颖超、叶剑英...

大会秘书处名单

大会秘书处由十三人组成，名单如下：王稼祥、邓小平、宁一、刘澜涛、李雪峰、宋任穷、林枫...秘书长邓小平。

大会主席团举行会议
选出主席团常务委员会

...

各国兄弟党代表在京参观

...

中国共产党第八次全国代表大会会场 毛泽东同志致开幕词

1957年

　　6月，应苏联国家安全委员会主席谢洛夫的邀请，经周总理同意徐子荣同夫人孟松涛赴莫斯科住医院治肺病，共计五个月。

1957年6月，徐子荣经组织批准携夫人孟松涛到苏联治疗

1958年

3月，徐子荣赴郑州主持召开河南、河北、山东、山西公安厅长座谈会，就公安工作如何开展大跃进进行摸底调查。

河北省安国县是受到毛主席表扬的先进县。徐子荣听了安国县公安局局长的介绍，对报上公布的某些数字有怀疑，就直接问公安局局长"干警一天吃几顿饭"、"群众吃多少"？公安局局长吞吞吐吐，后来说了实话，道出真相。原来是因为县里粮食局局长在报纸、广播都这么说，所以也只好跟着说。

全国公安战线在敢于跃进，坚决跃进，和"比、学、赶、帮、超"热潮中普遍头脑发热，提出许多不切实际的高指标，如做到无火灾、无积案、无匪患、无盗窃、无烟毒、无聚赌等，甚至提"十无"、"百无"，有的甚至提出要在几年内达到"玻璃板"、"水晶石"的程度。徐子荣头脑冷静，认为几无指标不现实，缺乏伸缩性，不宜提倡。徐子荣顶着压力，硬是将"几无"的口号改为"安全运动"。原本徐子荣担心部长可能不会接受，没想到却获得罗瑞卿的好评和肯定。

1958年9月14日，徐子荣在河北省安国与政法干部合影

徐子荣在河北省考察社情民意

1958年夏，徐子荣率公安部
机关干部到北京昌平郊区参
加建设十三陵水库的劳动

在审理案件时，徐子荣特别重视案发的第一起点，把思路集中在可靠的人证物证上。他经常告诫办案民警，既不要冤枉好人，也不能放纵坏人。伤了好人，就会使其本人和亲朋好友受害终生，损害了党在人民群众中的威信和专政机关的尊严；把一个好人判成坏人，实际上就是干了敌人要干而不能干的事。他时常叮嘱办案民警要时刻牢记办理案件是党赋予的一项十分严肃的任务。

1958年，徐子荣到重庆视察一个先进派出所，所长介绍"大跃进"以来，三天内群众揭发破案百多起积案，徐子荣认为这样办案很不科学，容易产生冤假错案，并多次在党组会上提出复查"大跃进"中的案件

1958年，在郑州召开河南、河北、山东、山西四省公安厅长座谈会

徐子荣到某地一个派出所检查工作，所长向他汇报如何走群众路线，三天时间就破了许多的积案。徐子荣听后语重心长地说，"走群众路线是好事，但只简单地依靠群众的检举，用群众斗争的办法来侦破复杂的案件，你一定会搞错的，甚至会被坏人和挟嫌报复的人、疑神疑鬼的那些人所利用。"之后，他亲力亲为，细致地审查起这些案件，果然发现了几个案子有假。返京后，他还念念不忘这件事，专门请办案人员来京向他汇报案子的进展情况，唯恐出现冤假错案。

徐子荣在河南郑州考察派出所工作

会 议 合 影 一九五八年七月九日

1958年7月，毛泽东、邓小平、李先念接见出席全国公安第九次会议的代表，会议作出了《关于今后公安工作部署的决议》，并提出加强公安宣传、理论研究、业务学习，提高公安队伍素质的决定

前排有▲标志的位置为徐子荣

作会議合影 1958.8.23

1958年8月23日，在第二次全国公安政治工作会议上与代表合影
前排有 ▲ 标志的位置为徐子荣

徐子荣同志向公安先进工
作者赠送纪念品，右一为
郝荣跃

徐子荣在河北省公安厅考察
前排有 ▲ 标志的位置为徐子荣

徐子荣与河北省公安厅干警合影
前排有 ▲ 标志的位置为徐子荣

徐子荣同志一贯坚持党的公安工作的路线、方针、政策。毛主席曾问他，公安工作的方针是什么？他回答，就是主席指示的提高警惕，肃清一切特务分子，防止偏差，不要冤枉一个好人。毛主席听后点头称许。

1958年10月3日，在新乡视察工作时与全体公安干警合影。前排有 ▲ 标志的位置为徐子荣

1958年，公安部技侦局办了一个侦察器材展览，有些器材是从国外引进的，这引起了中央领导同志的兴趣。在参观过程中，中办主任杨尚昆同毛泽东政治秘书叶子龙讲："我们中办录音科用的录音机又大又不清楚，如果用这种录音机整理录音，效果会更好。"于是叶子龙找到徐子荣，提出中办出外汇，请公安部协助从国外购买小型录音机。未曾想八年后的"文革"，竟被别有用心的人演绎为"在毛主席身边安窃听器"事件。杨尚昆为此被打倒，徐子荣、王芳、狄飞等一大批公安老同志被牵连，成为他们的一条大罪状。

1959年

3月，徐子荣到江西、福建视察。

1959年3月，徐子荣在福建视察生产技侦器材的工厂

1959年3月，徐子荣在福州同500多名干警见面，并就公安干警如何较好地完成对敌斗争策略上的转变，结合当地实际进行宣讲，帮助广大干警提高认识

徐子荣在福州与时任福州军区副司令员的老战友皮定均会面

在江西九江视察

1959年4月，徐子荣任第三届全国政治协商会议常务委员

1959年3月，徐子荣在江西、福州视察时，与李雪峰同志相遇，李雪峰时任华北局书记

1959年庐山会议前，徐子荣和狄飞（公安部十二局局长）检查庐山会议的安全保卫工作

7月，徐子荣参加中央在江西庐山召开的政治局扩大会议。

为了做好会议的保卫工作，徐子荣在察看庐山周围的环境时所照

1959年，徐子荣参加庐山会议时留影

9月，军委改组，罗瑞卿被任命为中国人民解放军总参谋长。在离开公安部之前，罗瑞卿就他走后公安部长的职位安排一事找徐子荣谈过几次。罗瑞卿讲毛主席问谁可接任公安部长，罗瑞卿举荐了徐子荣。徐子荣认为公安部不是一般的国家机关，独立挑这副担子，难以胜任，若有闪失，于党于人民不利，公安战线老同志多，建议中央另选更适合的人，并表示无论谁接任，都会尽心竭力地当好助手。罗瑞卿被徐子荣不求名利、甘当配角的态度所感动。

　　罗瑞卿作风正派，办事果断，对干部任用从不搞"小圈子"、"一言堂"，一贯任人唯贤、唯才是举。在他的领导下，短短几年就把国民党残余分子、盗匪黑恶势力、社会丑恶现象一扫而光。打造了一支让敌人惧怕、人民群众满意的新型人民警察队伍。人民群众在饱受战乱之后，享受到了安定的生活，社会秩序井井有条，"路不拾遗，夜不闭户"，是公安史上最为辉煌的十年。徐子荣给罗瑞卿做助手的十年里，深得器重，工作再劳累再辛苦，都感到特别舒心，充分施展他的才干。

　　让徐子荣始料不及的是，罗瑞卿调走后接他班的竟是谢富治，徐子荣心里不由得一沉，徐子荣深知谢的为人。1946年徐子荣率部撤离豫西根据地归建中原军区，驻扎在当年红四方面军活动的鄂豫皖白雀园地区，耳闻目睹了张国焘借肃反打AB团，残害了大批优秀的红军指战员，几乎将团以上干部全部杀光。谢富治当时紧跟张国焘，成为制造恐怖事件的邦凶，两手沾满了无辜同志的鲜血；在太岳四纵，谢富治借延安整风，暗中鼓动下属犯上，企图将司令员挤走，结果偷"鸡"不成，为了逃避责任他把做过的坏事统统嫁祸给另一位同志，把这位同志整得大病一场，没两年就因病故去了。徐子荣和这位故去的同志是草岚子监狱的难友，深为失去这位才华出众的战友而痛惜。谢富治心胸狭隘、忌贤妒能、酷爱整人而且不择手段是出了名的，徐子荣深知其人很难相处，即便如此，还是顾全大局，抱着良好愿望，全力辅佐他做好工作。

1960—1966年

　　1960年2月，谢富治刚到公安部就在第十次全国公安会议上把1958年以来中央确定的对敌斗争从缓，采取"杀、关、管"三少的政策推翻了，自作主张地提出"要把对敌斗争搞得紧一些"，把不属敌我矛盾、而是人民内部一些较为突出的问题，如部分灾区出现侵占集体财产、偷拿、哄抢等问题，要求各地公安机关运用专政手段来解决。徐子荣反对这个错误方针，认为这些问题的出现，是由于群众生活困难所产生的。进而提出在灾荒严重的形势下，对待违法群众只能采取疏导的方针，而不能站在群众的对立面激化矛盾。他把这一方针概括为："可解不可结"、"可顺不可激"、"可散不可聚"。各级公安机关按照这一原则，正确处理了这些人民内部矛盾。

　　1960年冬，徐子荣亲自率中央工作组到灾情最为严重的河南信阳地区考察灾情，处理善后。他目睹当地人民的悲惨状况，心情十分沉重，采取坚决措施，严禁地方公安机关和乡干部对群众采取捆绑吊打、游街、禁闭等错误做法，指导当地公安干警关心群众疾苦，帮助群众克服困难，把治安工作做好。

　　徐子荣常以杜甫的《又呈吴郎》和韦应物的《寄李儋元锡》两首诗教育干部，语重心长地说，封建官吏尚因"邑有流亡"而愧领俸禄，我们若置人民生死于不顾，那么就连封建官吏都不如了。

1960年中央派出以王从吾为组长，徐子荣为副组长的工作组，到河南信阳调查处理"信阳事件"

自1954年，在第六次全国公安会议上确定了大力加强同隐蔽的反革命分子作斗争的秘密侦察工作方针。实践证明，这一方针十分成功有效。1962年，公安机关一举破获了从台湾秘密派遣的9股172名武装特务，1963年至1965年先后歼灭31股偷渡登陆和空降的美蒋武装特务445人，彻底粉碎了蒋介石反攻大陆的迷梦。公安机关采用秘密手段打入敌人内部，获取情报的策略，已经达到"敌动我知"、"未动先知"的程度。谢富治自以为是，对秘密侦察工作横加指责，诬蔑这些手段是孤立主义、神秘主义、"小点子挂帅"。到了"文革"中，谢富治变本加厉，把侦察工作诬蔑为"资敌"、"通敌"、"出卖党政军核心机密"，把大批政保干部，隐蔽战线的无名英雄统统关押治罪，置于死地。

1960年7月和1961年7月，刘少奇主席针对湖南女工刘桂阳到北京中南海张贴反对人民公社的标语和湖南一农村饲养员"害死"耕牛的两起反革命案件分别批示，要求徐子荣认真复查，作出符合实际情况的结论。徐子荣对此高度重视，立即组织人员重新调查，最后都作了改正。刘少奇同志坚持实事求是，坚持真理的态度，令徐子荣十分钦佩，并将此案作为示范，教育广大干警在困难时期严格区分两类不同性质的矛盾

1961年西北公安片会后，徐子荣到青海视察公安工作

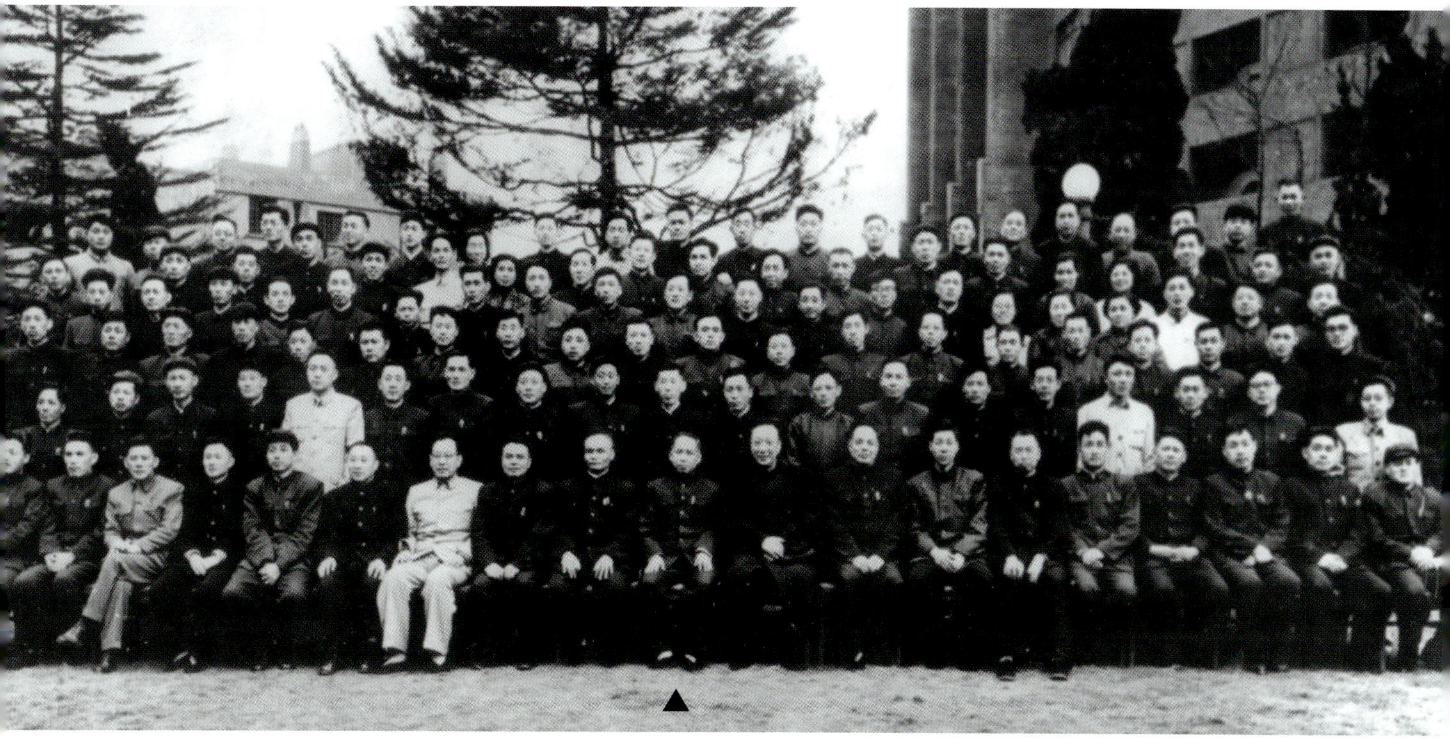

徐子荣主持召开过两次全国公安技侦工作会议，这是1960年3月在上海召开的第二次全国技侦工作会议的代表合影。前排正中柯庆施，有▲标志的为徐子荣，右侧席国光，左七狄飞

1955年，公安部成立技术侦察局，徐子荣是公安科技工作的创建人，自始至终分管着这项工作。他十分注意技侦工作的发展方向、使用范围、批准权限，严格置于党的绝对领导和监督之下。他从全国调集了一大批顶尖的专业技术人才，自主研发了具有国际水平和公安工作急需的器材装备。在发射“两弹一星”的过程中，默默无闻的公安技侦和科技工作者，发挥着他人不可替代的作用，作出了鲜为人知的突出贡献，为国家建立了不朽的功勋。

人民日报 号外

我国第一颗原子弹爆炸成功

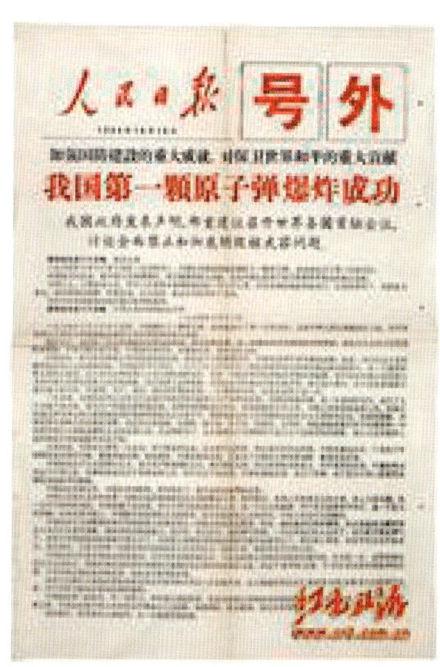

1962年在公安部宿舍院

1963年10月10日，毛泽东、周恩来、刘少奇、朱德、邓小平、李先念等党和国家领导人在北京接见出席中苏中蒙边境边防工作会议、全国计划会议等全体会代表
前排有 ▲ 标志的位置为徐子荣

1963年中央军委领导接见出席全国边防工作会议全体同志
前排有 ▲ 标志的位置为徐子荣

20世纪60年代初，发生几起辱骂林彪、叶群的匿名信事件，经过公安部查明，写匿名信的是中宣部部长陆定一的夫人严慰冰，起因纯属是个人的感情纠纷。公安部认定严慰冰患有精神疾病，不予追究。林彪、叶群对此十分不满，耿耿于怀。

徐子荣同公安政治工作的干部合影，前排正中徐子荣，左二为尹肇之，右一史洛明

徐子荣与已经离开公安部的罗瑞卿时常有工作交往,谢富治认为徐子荣没有把他放在眼里,非常窝火,处处刁难徐子荣。1964年徐子荣在湖南、山东两地"蹲点",写了两份视察报告报送中央后,受到毛泽东的好评并通报了全党。徐子荣业务娴熟,工作能力强,谢富治非常嫉妒,在一次中央会议上趁徐子荣不在场,诬蔑徐的报告是欺骗中央、捞政治资本。谢富治的这番言论,遭到在场老同志的当场驳斥。

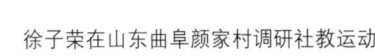

徐子荣在山东曲阜颜家村调研社教运动

徐子荣一生酷爱读书，无论是战争岁月，还是和平年代，总是忙中偷闲，手不释卷
徐子荣一生没有什么收藏，只有1961年从汪东兴手上得到的几幅毛泽东手迹，令他
如获至宝，经过精心装裱，挂在客厅里

1964年任第三届全国人民代表大会常
务委员会委员

1964年徐子荣在办公室

1965年7月徐子荣兼任国务院内务办公室副主任

1965年7月1日，公安部召开第十四次全国公安会议
前排有 ▲ 标志的位置为徐子荣

1965年12月18日，徐子荣正在重庆苗庄主持召开有云南、贵州、四川三省公安厅负责人参加的西南片会，突然被谢富治叫到上海，参加"上海会议"批判罗瑞卿。对此，徐子荣感到十分意外，难以接受

宋烈（左一）、徐子荣（左二）、慕丰韵（右一）

前左一陆石、左二宋烈、右一徐子荣

与朝鲜代表团合影
前排左一赵仲田、左二席国光、右三徐子荣、右一凌云，二排左一王亮、左三慕丰韵
三排左一孙力，左三武创辰

1964年9月,会见朝鲜技术代表团
左一赵仲田、左二席国光、左五徐子荣、右一凌云

陪同朝鲜代表团参观颐和园合影
前排左一赵仲田、左三徐子荣、
右一慕丰韵、右二席国光
后三排陶驷驹

1965年接见外宾
左三于桑、右一狄飞、右四刘复
之、后排左一石广平、左二赵仲
田、左三武创辰、左五姚昆

徐子荣与陈国环

1964年徐子荣在公安部会见越南公安代表团 徐子荣陪同越南公安部部长陈国环参观

徐子荣陪同接待越南劳动党中央政治局候补委员，越南公安部部长陈国环同志

1965年上半年年率公安部代表团访问朝鲜
前排左七徐子荣，
后排左一邢俊生、左二刘坚夫、左五陶驷驹、左七席国光

徐子荣和刘坚夫

徐子荣率公安部代表团参观金日成故居

徐子荣陪同外宾参观人民英雄纪念碑

徐子荣、刘复之陪同外宾参观天安门广场

1965年在首都机场迎接外宾合影
左一于桑、左二汪金祥、左四杨奇清、
左六徐子荣

徐子荣、刘复之陪同外宾登上天安门城楼参观

徐子荣、杨奇清、汪金祥与外宾合影

1965年，徐子荣陪同来华访问的阿尔巴尼亚
中央政治局委员、内务部部长卡德里·哈兹
比乌会见毛泽东主席

周恩来总理接见外国代表团，徐子荣陪同

徐子荣、汪东兴在天安门城楼上担任毛泽东的警卫工作

1966年2月，徐子荣根据中央指示到上海、杭州等五处毛泽东的住地，检查所谓安装"窃听器"问题。检查结果表明，"窃听器"之说是子虚乌有的无稽之谈。徐子荣感到这是在搞"鬼把戏"，先后六次找到中组部部长安子文，吐露他对党内发生的一些重大事情的看法，为彭真、罗瑞卿受陷害而鸣不平。同时，他也预感到谢富治要对自己下毒手。

为了顾全大局，徐子荣忍辱负重，当他越发看清谢富治的险恶用心之后，便向中央提出调离公安部。工作尚未调动，"文革"开始了。果不其然，谢富治趁机诬陷徐子荣搞假调查，谎称窃听器四处都是，妄图置徐子荣于死地。

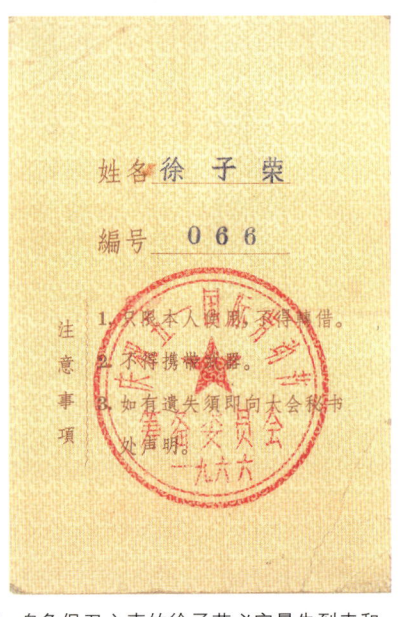

自新中国成立以来，每逢天安门有重大活动，身负保卫之责的徐子荣必定最先到来和最晚离去，这已经成了十几年的惯例。这张1966年五一国际劳动节庆典会场的入席证，竟成了他告别政治舞台的最后凭证。半月后，一场祸及全党全国的"文革"风暴，骤然降临

十 徐子荣和夫人孟松涛

孟松涛

1918年11月12日—1999年12月31日

徐子荣夫人，1918年11月12日出生于河南省确山县，1936年10月参加革命。1937年5月加入中国共产党，曾任村党支部书记、区委书记、县委副书记、县委书记兼牺盟会特派员。解放后任公安部政治部干部处科长、处长

徐子荣有过两次婚姻。17岁时（1924年），受父母之命，与县城张姓一大户人家的闺女结亲，1929年育有一女，取名萍兰。徐子荣1929年为躲避敌人的追捕离家出走后，这桩婚姻已经名存实亡。1936年徐子荣出狱，借回乡完成组织交代的任务之机，向法院提出解除婚姻。

徐子荣第二次婚姻是在山西太原，由薄一波介绍，结识了孟松涛。他俩同为确山人，还沾点儿亲戚。孟松涛从小就对徐子荣在家乡闹暴动的事迹有所耳闻和敬佩。北伐时，国民革命军打到确山，孟松涛见到北伐军中的女兵英姿飒爽，十分羡慕。孟松涛在西平女子简易师范读书，受到进步教师和中共党员的影响，阅读进步书籍，参加社会活动，学到不少的革命道理。学校党组织委派开封的屈健同志（解放后任水利部副部长）对孟松涛进行培养。1936年，屈健告诉孟松涛尽快到太原参加革命。孟松涛把这些情况透露给了校教务主任关文汇。关文汇是个进步人士，很器重孟松涛，视她为女儿，支持她投奔革命。

1936年10月孟松涛进入太原抗日军政训练班，编在11连7班，即赫赫有名的女兵连。薄一波知道孟松涛是河南确山人，就主动给她介绍了徐子荣。

　　1937年5月1日，孟松涛加入了中国共产党。同年11月，任山西高平县县委书记兼牺盟会特派员。1938年2月，孟松涛转任沁县特派员。

　　1938年12月徐子荣与孟松涛结为终生伴侣。婚后，徐子荣感到孟松涛没有经过基层锻炼，年纪轻轻（18岁）就当上了县委书记，对她的成长发展不利，建议孟松涛从村支部书记做起。1942年徐子荣也主动放弃区党委的领导职位，下到地委工作。

女兵们在训练持枪射击

女兵连学员在太原城里进行抗日宣传，高唱抗日救亡歌曲

女兵们在做集体娱乐活动

1944年徐子荣到豫西开辟抗日根据地。1945年2月7日，孟松涛在太行清漳河畔生下一子。产后40天，把孩子寄养在一户老乡家，只身去了豫西。

在豫西，孟松涛任偃师县委副书记兼区委书记。中原突围时，孟松涛扮成难民撤离，后因身份暴露，只得随皮旅突围。到达华中后，为了减轻部队负担，孟松涛独自回太行。沿途越过多个敌占区，侥幸逃脱了还乡团的洗劫屠杀。经过千里跋涉，终于回到太行。

徐子荣和孟松涛、儿子的合影

这是徐子荣和孟松涛生于太行清漳河畔的儿子，故取名徐清漳

1949年，徐子荣还在进军西南，孟松涛随罗瑞卿夫妇先期到达北平，并于当年生下一女。

孟松涛任公安部人事局干部处处长，到离休一直没有提过一职半级，遇到调职调级，徐子荣总是让孟松涛以邓颖超、蔡畅大姐为榜样，把名利让给其他老同志。

徐子荣公务繁忙，但非常关心孩子的成长，抽出时间到学校参加家长会。儿子高中毕业，把他送进部队这所大熔炉里锻炼。

1949年出生的徐子荣夫妇的小女儿徐涓涓一周岁照

这是1950年徐子荣夫妇同孩子们的合影。前排左是儿子徐清漳，右是孟松涛妹妹的儿子。后右一为徐子荣的大女儿徐萍兰

1949年孟松涛与儿子合影

1950年徐子荣带着儿子在颐和园昆明湖游水

1951年孟松涛与家人合影。前排右一为孟松涛母亲、右三为孟松涛儿子，后排左一、二为孟松涛妹妹和弟弟。

这是1954年徐子荣夫妇与小女儿的合影

1957年6月在苏联

1959年在庐山

　　1960年秋，徐子荣夫妇利用星期日休息，专程到香山北京植物园看望大赦不久的末代皇帝溥仪。溥仪对自己成为共和国的公民，获得新生，十分珍惜。他正在捡树叶做"人造肉"，以弥补自然灾害造成的粮食不足。徐子荣非常关心溥仪出狱后的工作和生活情况，以及正在撰写的回忆录《我的前半生》。徐子荣对他多有鼓励，叮嘱他有困难、有问题就直接提出来，一定会得到帮助的。

末代皇帝溥仪1959年特赦后，安置在北京植物园工作，他正在户外收捡树叶，拿去做"人造肉"，以帮助解决自然灾害造成的粮食不足。

1964年，周恩来总理带着上海越剧团《红楼梦》剧组主要演员和部分历史学家来到公安部宿舍大院，考察参观红楼梦遗址"大观园"。徐子荣前来陪同，他对照景物一一进行详细的解说，把《红楼梦》书中对大观园的景物复述的栩栩如生。在场的人听得意趣盎然，十分惊诧这位老公安竟然能有如此精湛的文学造诣。

周总理现场责成有关部门一定要保护好这些古建筑，以便将来供人民群众观光游览。20世纪80年代"恭王府及王府花园"对外开放，周总理这一遗愿得以实现。徐子荣为保护这份文化遗产也尽了力。

原公安部宿舍，现早已成为北京市一处著名的旅游景点——恭王府及王府花园

1963年徐子荣夫妇在公安部机关宿舍合影

十一　在"文革"浩劫中蒙冤

　　1966年至1976年，中国人民深陷一场空前的劫难。江青、叶群等人狼狈为奸、兴风作浪，把矛头直接指向公安机关，叫嚣要"彻底砸烂资产阶级反动的公、检、法"。他们首先向公安部机关开刀。谢富治通过老婆刘湘屏攀上了江青，长期在上海、杭州一带诡秘地活动，摸清了发动"文化大革命"的真实底细。对此，徐子荣早就有所觉察。谢富治任公安部部长是邓小平的提名，他在"文革"中，第一个跳出来对邓小平进行攻击诽谤，并伙同康生充当江青的"急先锋"，无论是打倒"彭、罗、陆、杨"，还是打倒"刘、邓、陶"，他都是一马当先，干尽了祸国殃民的勾当。

　　谢富治当了七年公安部长，却把他应负的责任推的干干净净，居然把公安部说得一团漆黑，诬蔑公安部全都执行的是彭真、罗瑞卿、徐子荣的反动路线。指责公安干警干的都是招降纳叛、结党营私、资敌通敌、里通外国的勾当，在公安机关掀起了揪"叛徒"、抓"特务"的狂潮。公安部七位副部长，其中五位副部长被他亲手送进监狱，大多数局长、副局长进了"黑帮队"。北京市公安局十名正副局长，全都被打成"三反分子"，其中四人被关入大牢，老干部一律"靠边站"，随意被揪斗、抄家，人格遭到极大的侮辱。谢富治秉承江青旨意，从军队抽调710名干部进入公安部，以审查清理档案之名，将有关林彪、"四人帮"的污点材料统统焚烧灭迹，以了却其主子的"心病"，成了"文革"中少有的的大红大紫的人物。

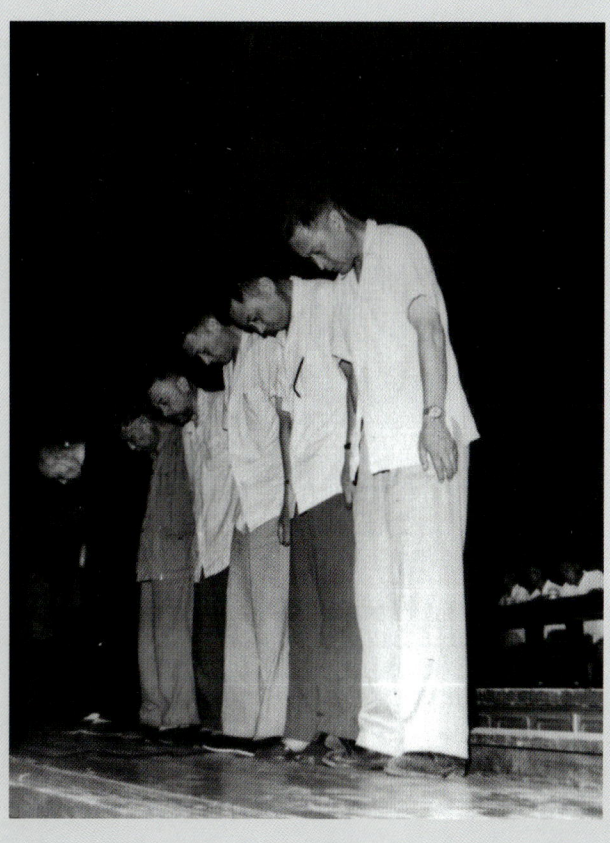

　　谢富治对徐子荣的忌恨由来已久，"文革"伊始，徐子荣首当其冲被当作重点打击对象。谢富治罗织了一堆骇人听闻的罪名，什么"彭罗死党"、"公安部地下黑司令"、"资敌、通敌、养敌"、"出卖党政军核心机密"、"危害毛主席安全的大特务、大叛徒"等，对徐子荣进行大会批、小会斗，戴高帽、搞"喷气式"，最后是拳打脚踢、游斗、罚跪、抄家，用残暴的法西斯手段对徐子荣进行人身迫害。

　　谢富治还与康生沆瀣一气，丧心病狂地残害党政

1967年初徐子荣被捕隔离审查后，便与家人天各一方。徐子荣挂念家人，怕家人担心自己会出意外，特意在看守人员向家人取要生活品的条子上写上要给他带一套《鲁迅全集》，这是他用一种特殊方式暗示家人，让家人放心，不管日子多么难熬，他绝对不会想不开或者轻生，而是会像鲁迅那样"横眉冷对千夫指，俯首甘为孺子牛"

军高级领导干部多达600多人。1968年1月3日康生批示："刘仁、崔月犁、冯基平、徐子荣等这伙反革命敌特分子，出卖党政军核心机密，叛党叛国，罪该万死，对他们不能用一般对犯人的方法对待，为打击敌人的顽固态度，将他们拷起来，进行严厉地突击审讯工作，使敌人彻底缴械，对这些人应向他们宣布逮捕，送进监狱。"

1967年1月5日，在康生、谢富治的授意下，徐子荣被投进秦城监狱。负责查办徐子荣案的"二办"负责人，竟然是两年前因生活腐化、依仗权势玩弄304公安军医院女医护人员而被中央撤职的那个人。而代表中央宣布对他处分的正是徐子荣和杨奇清两位副部长。如今，二人沦为阶下囚，一同落入这个腐化分子的手中。他挟嫌报复，授意对他俩进行百般虐待折磨。1969年6月20日，徐子荣惨死狱中，时年62岁。杨奇清虽然没有死在狱中，但被整得死去活来，侥幸出狱不久也因内伤不治去世。两位身经百战的高级干部，闯过了白色恐怖和枪林弹雨，最终却倒在了一撮无耻之徒的暗算之下。

此前，徐子荣看出这场斗争的矛头指向和作祟者，预感到自己最终的结果。他对夫人孟松涛说：**"我这辈子所做的事，党是知道的，这个我不怕，但谢富治他们是不会放过我的，可能要把我整倒、整垮、整死，你要有思想准备。但是，你要相信历史会做出公正结论。"** 垂危之际，徐子荣再三叮嘱孟松涛一定要带好孩子，活下去，看到斗争的结局和这帮奸恶之人的最后下场。

北京昌平秦城监狱

"进了公安门，死了埋在公安坟。" 这是在公安部成立大会上罗瑞卿部长针对像他和徐子荣一样从部队调来的干部不愿改行的想法，表示要一心一意干好公安工作所发下的重誓。徐子荣自从进了公安部，便从此再也不曾离开，他在部领导岗位上工作年限最久、担负的责任最重，因而"文革"遭受的迫害也最为惨烈。他把自己全部心血乃至生命都献给了公安保卫事业，最后竟然倒在他一手建起来的监狱里，成为实践这一承诺的"第一人"

中共中央组织部向党中央上报《关于徐子荣同志问题的复查报告》（全文）：

关于徐子荣同志问题的复查报告

耀邦同志并报中央：

现将我们对徐子荣同志问题的复查情况和处理意见报告如下：

徐子荣，男，一九〇七年生，河南确山县人。一九二七年参加中国共产党。原任公安部党组副书记、副部长，党的八届候补中央委员。因被扣上"出卖党政军核心机密"等罪名，一九六六年六月停职反省，同年十二月撤职审查，一九六八年一月关押审查。在林彪、"四人帮"、康生等一伙反革命阴谋家、野心家的疯狂迫害下，徐子荣同志受到残酷折磨，与一九六九年六月二十日逝世。一九七五年八月四日原中专三办作了"定为叛徒，清除出党"的结论。一九七八年一月中央批复同意。同年十二月，三办又作了否定的结论。最近，经我们复核，重新作结论如下：

一、所谓"叛徒"问题，是指徐子荣同志在一九三六年与薄一波同志等六十一人按照党中央指示履行手续出狱。一九七八年十二月十六日中央以中发[1978]75号文件指示："在'文化大革命'中提出的所谓薄一波等六十一人叛徒集团是不存在的，是一个大错案。"因此，原定徐为叛徒是错误的，应予以否定。

二、所谓"出卖党政军核心机密"的问题，是指徐子荣同志担任公安部副部长期间，为了对敌斗争的需要，曾经中央批准通过"逆用"电台和"逆用"人员，将一些过时的情况或编造的假情况作为情报发送敌特机关，这是对敌斗争中允许采用的斗争手段。这样做，属职责范围内的正常工作，根本不存在出卖党政军核心机密的问题。

三、所谓"反革命黑调查"问题，是指一九五四年公安部根据毛主席、党中央的指示，调查一起匿名信案。为调查此案所采取的重大措施，都是经毛主席、党中央批准的。徐子荣同志与公安部其他领导同志一起组织对这起匿名信案件的查破属职责范围内的正常工作，根本不存在反革命黑调查的问题。

四、所谓"参与对中央负责同志搞反革命窃听"问题。根据中央专案小组第一办公室一九七八年十一月二十三日对杨尚昆同志所作的审查结论提到，当时"为了保存档案材料，一九五八年至一九六一年初，对毛主席在一些会议上的讲话和少数同志的谈话进行了录音"。徐子荣同志应叶子龙同志的要求，给中办提供过一套录音器材，根本不存在对中央负责同志搞反革命窃听的问题。

五、所谓"包庇刘少奇被捕叛变"问题，是指一九六五年三月公安部十二局给徐子荣等同志写了一个《清理法国前驻武汉领事馆档案材料的报告》，报告中只写有刘少奇同志被捕字样，徐子荣同志圈阅了这个报告，这是正常工作没有错误。

徐子荣同志是我党的优秀党员、优秀干部，曾对我国公安保卫工作作出过重大贡献。他被关押审查，被迫害致死，纯系林彪、"四人帮"和康生、谢富治等人为了砸烂公安机关，破坏无产阶级专政，以"莫须有"罪名对徐子荣同志横加诬陷迫害。这是他们制造的冤案，应予彻底平反昭雪，强加给徐子荣同志的一切诬蔑不实之词，应予推到。撤销原中专三办一九七五年的审查结论，恢复名誉，恢复党籍，补发生前受审查期间停发的工资。徐子荣同志的善后工作和家属子女所受株连问题，由公安部妥善处理。

妥否，请批示。

中共中央组织部

十二　英魂永垂不朽

　　徐子荣在沉冤十年后，随着林彪、"四人帮"嚣张一时的反革命集团的彻底覆灭，他的冤案重见天日，他的预言得到应验，正义得到伸张。

　　1978年年底，公安部机关在部礼堂为徐子荣老部长举行了隆重的悼念活动，公安部部长赵苍壁率全体机关干部向徐子荣的遗像和骨灰致以沉痛的哀悼。

公安部悼念徐子荣同志的灵堂

徐子荣的亲属在公安部大礼堂参加徐子荣追悼大会时合影

孟松涛率亲属献上的花圈

公安部机关干部排队进入追悼会场向老部长徐子荣同志致哀

中共中央秘书长胡耀邦在徐子荣等同志的追悼会上致悼词

徐子荣同志亲人在追悼会上

中共中央副主席李先念、国务院副总理王震向徐子荣同志的夫人孟松涛表示慰问

　　1979年1月25日,中共中央在北京全国政协礼堂为徐子荣等5位在"文革"中被迫害致死的同志召开平反昭雪大会。中共中央副主席李先念主持追悼会,中共中央秘书长胡耀邦致悼词。党中央推翻了林彪、"四人帮"强加给徐子荣的一切诬蔑不实之词,充分肯定了徐子荣一生为党和人民所作的无私奉献,在全党全国恢复了徐子荣的名誉。

1979年1月26日，《人民日报》等各大报纸刊发了中央在京举行徐子荣等5位同志平反昭雪追悼会。

新华社一月二十五日讯　廖鲁言、徐子荣、胡锡奎、刘锡五、王其梅同志平反昭雪追悼会今天下午在北京全国政协礼堂举行。

华国锋、叶剑英、邓小平、李先念、陈云、汪东兴、王震、韦国清、乌兰夫、方毅、邓颖超、刘伯承、许世友、纪登奎、苏振华、李德生、吴德、余秋里、张廷发、陈永贵、陈锡联、胡耀邦、耿飚、聂荣臻、倪志福、徐向前、彭冲、陈慕华、赵紫阳、赛福鼎、谭震林、李井泉、张鼎丞、蔡畅、廖承志、姬鹏飞、阿沛·阿旺晋美、古牧、王任重、康世恩、粟裕、宋任穷、沈雁冰、康克清、王首道、杨静仁、张冲、帕巴拉·格列朗杰、江华、黄火青等同志送了花圈。

中共中央、人大常委会、国务院、中央军委、政协全国委员会、中央纪律检查委员会、中央办公厅、中央组织部、中国人民解放军总政治部、全国总工会、全国妇联、团中央、国务院农业委员会、国务院办公室、农林部、公安部、教育部、中国人民大学以及有关的军区、省、自治区、市、县的党委和革委会，也送了花圈。

李先念、王震、韦国清、乌兰夫、方毅、纪登奎、苏振华、吴德、余秋里、陈锡联、胡耀邦、倪志福、陈慕华、赛福鼎、李井泉、姬鹏飞、阿沛·阿旺晋美、古牧、王任重、康世恩、宋任穷、康克清、杨静仁、张冲、江华、黄火青，有关部门的主要负责人，五位同志的生前好友，有关部门的群众代表，共一千二百人参加了追悼会。

悼词说，廖鲁言、徐子荣、胡锡奎、刘锡五、王其梅同志都是我党久经考验的老干部、老党员。他们对伟大领袖毛主席、敬爱的周总理和朱德委员长等老一辈无产阶级革命家无限崇敬，是毛主席的好学生。在"文化大革命"中，林彪、"四人帮"及其同伙，从反革命需要出发，制造了一起轰动国内外的"六十一人"的大错案，对在白区工作过的老干部，无中生有，罗织罪名，栽赃诬陷，残忍迫害，株连所及，冤狱遍于全国。其用心之狠毒，令人发指。廖鲁言、徐子荣、胡锡奎、刘锡五、王其梅五位同志就是在林彪、"四人帮"的长期折磨、残酷迫害下，分别于一九六七年至一九七二年含冤而死。这是我们党的重大损失。以华国锋同志为首的党中央，本着实事求是、有错必纠的原则，给廖鲁言、徐子荣、胡锡奎、刘锡五、王其梅同志恢复了名誉，多年沉冤，得到昭雪。

悼词说，在哀悼廖鲁言等五同志的时候，使我们难以忘怀的是，一九三一年"九一八"事变后，日寇企图从外部灭亡中国；一九六六年"文化大革命"开始后，林彪、"四人帮"及其同伙，妄图在中国扭转历史车轮，复辟资本主义，在这两次关系到中国革命前途和命运的紧急关头，廖鲁言等和"六十一人"的其他同志，虽然都遭受监禁关押，忍受极大痛苦，但总是信心百倍，毫不退缩，顽强战斗，始终与中国人民同命运、共患难。正是这一点，使他们赢得了广大党员与人民的同情和信任。

悼词最后说，廖鲁言、徐子荣、胡锡奎、刘锡五、王其梅同志，在长期革命战争中，在社会主义革命和社会主义建设中，忠于党、忠于人民，努力学习马列主义、毛泽东思想，坚决执行党的路线、方针和政策，积极工作，艰苦朴素，团结同志，联系群众，勤勤恳恳地为人民服务，为中国人民的解放事业和伟大的共产主义事业贡献了自己的一生。我们沉重地悼念廖鲁言、徐子荣、胡锡奎、刘锡五、王其梅同志，要学习他们对党、对人民无限忠诚、为共产主义奋斗终身的高贵品质；学习他们襟怀坦白、光明磊落，顾全大局、遵守纪律，坚贞不屈、英勇斗争的革命情操；学习他们谦虚谨慎，平易近人，关心同志，联系群众的革命情操；学习他们忘我工作，严格要求自己，对党、对人民高度负责的革命精神。我们要化悲痛为力量，为实现新时期的总任务，为加快建设社会主义现代化强国而努力奋斗。

风范长存

十三 缅怀与思念

　　十年沉冤，一朝雪耻。所有熟知徐子荣的人，无不为此百感交集：一方面为过早失去一位才华出众、品德高尚的人痛心难过，另一方面又为正义得到伸张、历史还以清白、沧桑归于正道而由衷地欣慰。全国各地纷纷给徐子荣夫人发来唁电和慰问信，或是撰写回忆纪念文章、赋诗作画、拍摄影视作品，以各种不同的方式表达对徐子荣同志的缅怀。更有情感质朴的百姓，自发捐款，执意要为徐子荣树碑立传，筑建烈士陵园，以寄托他们的深切思念。

为了缅怀徐子荣同志，公安部将1979年第二期《人民公安》杂志辟为专刊，以纪念他在公安保卫战线所作出的突出贡献

1979年4月5日，《人民日报》刊发了安子文、刘复之、凌云、席国光、姚民、陆石等署名文章《春风奏凯扬征帆——学习徐子荣同志》

1989年6月29日，徐子荣逝世20周年之际，《人民日报》发表署名为刘澜涛、郭林祥、王芳、刘复之合作撰写的纪念文章《思君若汶水，浩荡寄南征》

薄一波同志为《徐子荣传》所作的序文

1997年7月，公安部党组为缅怀徐子荣同志辅佐罗瑞卿同志创建新中国公安工作的历史功绩，群众出版社编辑出版了《徐子荣传》，薄一波同志亲自审阅书稿并题写书名

我和徐子荣同志是在北平草岚子监狱认识的。

他是河南确山人，1926年投身河南农民运动，1927年入党，参加过确山暴动和确（山）汝（南）边土地革命战争，失败后来北平从事学生运动。1932年因参加"八一"抗日、反蒋的示威游行，被国民党反动派逮捕判刑，并送来草岚子。

当时狱中已建立了党的秘密支部。在支部的领导下，他参加了反对敌人"反省政策"的斗争，抗议敌人虐待政治犯而进行的绝食斗争，孤立宪兵第三团特务，掩护狱中党的秘密的斗争。为了贯彻支部的决定，他常常是主动地出来做工作，团结同志，鼓舞斗志。他在斗争中是很坚决、很勇敢的。

1936年9月出狱后，我被党派往山西，他随后也来山西，任中共山西省工委常务委员。他协助牺盟会、决死队进行工作，从中发展党员，并任牺盟会特派员训练班指导员，为各县培养了第一批特派员（实际是我党的县委书记）。以后他到晋冀豫党委（太行区党委）任宣传部长、组织部长、五地委书记。他对山西党的建设和太行抗日根据地的建设，是有贡献的。

1944年4月，日本侵略军大举入侵河南，国民党军队节节败退，他与皮定均受命组成豫西抗日独立支

注：1994年薄一波在接待公安部《徐子荣传》撰写组同志时，一往深情地回忆老战友徐子荣。在编辑《徐子荣画册》中，意外找到当年这份重要的谈话记录，把它收在本书，正好补上遗漏缺憾。

徐子荣同薄一波初识于北平草岚子监狱。薄在狱中任支部书记，出狱后又都在山西工作，薄一波是徐子荣、孟松涛夫妇的婚姻介绍人。1949年徐子荣调到公安部是薄一波向罗瑞卿作的推荐，说徐子荣既懂军事又懂政治，既能做组织工作又能做群众工作，还能写一手好文章。在公安部建设经费方面，薄一波对徐子荣给予多方支持。1990年，薄一波对公安部编写《徐子荣传》不但提供了宝贵意见，还亲自审阅书稿、题写书名

队，皮任司令员，徐任政治委员，开始了军旅生涯。他们的部队，以后发展为181师，打过一些大仗、硬仗，是一支有战斗力的部队。徐先后担任过旅、师、军的政治委员，是我军优秀的政治工作者。他与皮定均等配合得很好。他从战争学习战争，在军事上，他也有独到的见解和果断的指挥才能。

新中国成立后，徐子荣到公安部任办公厅主任、公安部副部长。他协助罗瑞卿部长，创建了新中国的公安工作。他是罗的好助手，罗对他是十分满意的。

谢富治到公安部后，徐子荣尊重谢，积极主动地工作，为谢分忧，但谢却在背后整徐子荣。在一次政治局的会议上，谢富治就说徐子荣关于山东曲阜颜家村社教点的报告，是写假报告（毛主席赞扬这个报告提倡摆事实、讲道理）。我对徐子荣的为人，是深知的。我说："别的我不敢说，徐子荣说假话是不会的，而且是几十人的工作组做的。"徐子荣个别也曾对我说过，谢富治这个人不好，背后搜集他的材料，搞阴谋，但在当时，我只能正面地做徐子荣的工作。没想到谢富治这么坏，借"文化大革命"的机会整徐子荣，对徐百般摧残折磨，致徐惨死狱中。

徐子荣一生忠诚党的事业。他历经艰难曲折，对党坚定不移；他善于同别人合作，从实际出发，正确地执行政策，所到之处，多有建树；他光明磊落，不争名、不争利，兢兢业业地工作，从不夸耀自己；他严以律己，宽以待人，关心同志，爱护部属，有忠厚长者风。他在政治上是很强的。

时光流逝，徐子荣含冤而死，已经25年了。他是一个值得我们纪念的人。我也愿意把公安部编印的《徐子荣传》推荐给熟悉他的人、不熟悉他的人，以寄托我们的思念之情！

我为徐子荣部长当秘书（摘编）

邢俊生

1952年8月，组织上安排我给公安部常务副部长徐子荣同志当秘书，从那时起直到1964年8月我调任办公厅秘书处副处长为止，我与徐子荣同志朝夕相处了12年。徐子荣同志是罗瑞卿部长的亲密助手，对党中央、毛主席，对革命事业无比忠诚，给我留下了深刻的印象。

到徐副部长身边工作

1952年中央任命徐子荣同志为公安部党组副书记、常务副部长，辅佐罗瑞卿部长的工作。就在这个时期，组织上选中我给徐子荣副部长当秘书。

组织上选中我，是因为做机要秘书的首选条件是政治可靠。我家祖辈受穷，社会关系单纯。兄长早于我参加了八路军，1947年在保卫延安的战斗中牺牲了。1944年我13岁就加入了中国共产党，这可能是组织上选中我的主要原因。

当时全国公安工作情况大体是：群众性的镇反运动基本结束，正在贯彻第三次公安会议精神：清理监狱和处理积案，抓紧定案宣判，坚持少捕少杀的"两少"政策。只杀哪些血债累累、不杀不足以平民愤的少数罪大恶极者。将一般性的罪犯尽快投入劳动改造，把他们改造成新人；深挖暗藏的潜伏特务，开展反空战、反偷渡、反派间谍特务的隐蔽斗争，对镇反不彻底的结合部、水上和那些三不管的地方，进行镇反"补课"，务必取得全胜；在全国大张旗鼓地开展禁毒、肃毒的群众运动。

徐子荣副部长分管办公厅、人事局、治安行政局、劳改局、警卫局、预审处、新生公学、直属二处及政保队、公安干校及中央交办的大案。常务副部长，人称"不管部长"，别的部领导不管的他都管。

当时，徐子荣副部长主要抓的工作是：

1. 全国正在开展的禁毒肃毒工作。腐败的旧政权给新中国遗留下来的一大毒瘤，就是遍布城乡的大烟馆，烟民有千万；公开种植罂粟；贩运倒卖鸦片，毒害社会。建成不久的各地公安机关，开展的禁毒运动是又一个重大举措。省市公安机关向公安部请示的电报，纷至沓来。徐子荣副部长像在部队指挥前方打仗那样，急事急办，亲拟电报，用三A或四A加急发出。不到一年的时间，在中国的大地上就铲除了毒害中国人民几百年的大毒瘤，拯救了数百万直接受害的民众。禁的彻底，肃的干净。

2. 劳改工作。全国镇反运动中，逮捕判刑的罪犯很多，地方政府和公安机关筹建劳改场所，提请公安部审批并拨款。徐副部长对建场报告认真审阅，强调贯彻"劳动改造第一，生产第二"的方针，实行人道主义政策。其间，还把沿海地区的数万罪犯迁移内地劳改，对数十列押运的专列，都严密组织，没有发生任何事故。

3. 反特斗争。朝鲜战争爆发后，台湾特务机关经常派出一批批特务潜入大陆，每次都被我军、警、民联防抓捕歼灭。一天，我收到中央办公厅给徐子荣副部长的一封亲启信。我惊讶地发现这封信是毛主席写给徐子荣的亲笔指示。据此，公安部指示各地公安机关,特别是沿海地区,加大了反特斗争的力度。

50年代末,广东省电白县一举抓获从海上偷渡的一股特务,公安部的指示进行策反。同期,北京市公安局副局长吕展向徐子荣副部长报告,北京市通县地区击落一架敌人的高空侦察机,徐子荣亲自去现场,到达通县、天津交界处,距公路不远的一个小水塘旁,发现一具被导弹击落飞行员尸体。导弹是苏联提供的。此后,再没有听说有敌机窜入过大陆内地。

保卫中央领导是重中之重

作为分管警卫工作的副部长,徐子荣同各警卫部门负责同志一道,顺利地完成了各项警卫任务,12年来,从未发生任何纰漏。每到节日期间,徐子荣都要主持召开有关部门的保卫会议,就警卫工作进行研究,将工作落到实处,落实到人。1952年国庆前夕,罗瑞卿部长、徐子荣副部长到天安门城楼观礼台指导检查工作,特别指示扫雷后,一定要派专人看守。他们不仅试坐了电梯,还调来了一个营的部队上观礼台做踩跳实验。

徐子荣副部长十分关注毛主席等中央领导同志在外地住处的安全。他特意去南京、上海、杭州、湖南、湖北等地察看了当地政府为中央领导同志新建的住处。周总理出国访问较多,徐子荣对总理在国外的安全尤为担心。1954年周总理到日内瓦出席朝鲜战争停战谈判,公安部派出了精干的保卫队伍,这些精明强干的警卫人员,都是经徐子荣审批的。1955年4月,周总理率团出席万隆会议。我驻印尼使馆发来的保卫总理的电报纷至沓来。徐子荣同凌云局长每天都会同安全部门磋商对策,粉碎了台湾特务埋设爆炸物暗杀总理的阴谋。

人民大会堂是中央政治活动中心,徐子荣十分关注这里的安全。人民大会堂在建设过程中,徐子荣登上大会堂屋顶查看尚未封顶的大会堂。他仔细询问这么大的跨度,安全能否保证。在得到满意的解释后,他才安心。竣工后,他再次来到大会堂,在各个厅室询问安全保障情况,特别是舞台和首长休息室。提出要保证电线不短路,重点活动不停电,建议北京

供电部门工程技术人员坐阵值班,嘱咐要经常检查更换舞台和会堂穹顶的灯泡,以防灯泡爆炸。每当总理在大会堂举行招待会或重大活动,徐子荣副部长总是最先到达,最后撤离。

1956年9月15日至27日,"八大"在政协礼堂举行,为保证大会绝对安全,各警卫部门和北京市公安局密切配合,作了许多具体细微的工作,徐子荣副部长听取了他们的详细汇报,并给予肯定。大会开幕前夕,警卫部门的领导陪同徐子荣副部长对政协礼堂会场内外进行了仔细检查后,安排部队封锁控制,又到代表住地前门饭店检查。徐子荣副部长强调指出:一要严格门卫检查登记制度,二要十分注意防火;三要十分讲究饮食卫生,防止食物中毒,他亲自到厨房检查,并嘱咐炊事人员倍加注意。

著名科学家钱学森应邀去苏联参观访归国后,徐子荣说:"他们是国宝"。指示给钱学森、钱三强各派警卫员,保护他们的人身安全。1963年秋,徐子荣去西北调研,在青海参观了原子弹组装基地。1964年10月,在我国首枚原子弹爆炸之前,徐子荣副部长多次听取有关原子弹装配基地的保卫保密情况汇报。

徐子荣副部长对外宾来华访问的安全非常重视。上世纪50年代,印度总理尼赫鲁应邀首次来华正式访问,为保障贵宾来的安全,徐子荣同警卫部门的领导人一道,自西郊机场至新华门行车路线进行预演,以了解行车道路安全状况。

在苏联苏维埃主席伏罗希洛夫访华和毛主席到天津视察时,发生了群众围观毛主席的事情。这两件事,引起中央的重视。公安部党组研究决定,警卫工作实行"内紧外松"方针,中央领导同志在群众的场合时,要视情况安排公开和便衣相结合的保卫措施。

"八仙过海"

1954年,中央决定撤销六大行政区建制。8月间,中南、东北、西南、华东四大区的公安部长调回北京,任公安部副部长。此时,部领导达到八位。在一次党组会议上,罗瑞卿部长高兴地说,我们现在人多

了（指部领导），人多好办事，"八仙过海"嘛！始料不及的是，这样亲密无间的部领导班子，在"文革"批斗彭真、罗瑞卿、徐子荣等人的大会上，造反派竟诬陷罗瑞卿、徐子荣搞"宗派"，说杨奇清是公安部首任副部长，没当上"八大"候补委员即是证明。

粉碎"四人帮"后，我拜访安子文部长，在问到"八大"候补委员人选问题时，安部长解释说："当时给公安部两个名额，一个是罗瑞卿部长，另一个我和罗部长认为徐、杨二人都合适，都应该进入中央委员行列。但只有两个名额，又不能增加，怎么办呢？我同罗部长商量将二人都上报，由中央定。毛主席说，还是徐子荣吧。"

抓好机关基础建设

随着公安部机构的逐渐扩大，办公场地日趋紧张，分管常务工作的徐子荣副部长为机关的基础建设和后勤保障花费了很多精力。冯基平副市长得知东交民巷的外国使馆统统要迁往东郊使馆区消息后，立刻告诉了徐子荣。徐子荣请冯基平报请彭真、刘仁同

1932年，徐子荣与冯基平在一次反蒋抗日活动中相遇。他们同一天被捕又一同被关入草岚子监狱，"文革"中，在公安战线又一同被江青、康生、谢富治加害，一起挨斗一起被监禁在秦城监狱

志批准，为公安部扩大了办公区。

上世纪50年代初，公安部聘请了一批苏联专家，急需解决他们的宿舍问题。徐子荣副部长又请冯基平副市长帮助解决。冯基平副市长陪同徐子荣副部长来到恭王府后花园实地察看。这处大院作专家宿舍再理想不过。在冯基平的帮助下，这个大院子最终划拨给了公安部。

1955年，经国务院批准，公安部拟新建一个直属中央监狱。时任公安部预审处处长的姚伦同志，为监狱选址看了不少地方，均不够理想。徐子荣副部长又请出冯基平副市长。冯基平陪同徐子荣和苏联专家先到西山又去昌平，到达燕山脚下一个叫秦城的地方。大家一致认为这地方十分理想。

监狱建成后，取名"秦城监狱"。与之配套的还要建一个医院，在徐子荣亲自指导下，又建成了复兴医院。

50年代末60年代初，全国普遍发生了严重的饥荒，公安部机关干部忍饥挨饿，仍然坚守工作。徐子荣副部长十分关心大家的健康，派行政处处长尹则增同志前往嫩江筹办农场。尹则增在向徐子荣副部长汇报工作时，提出要求解决拖拉机，加大开垦力度。徐子荣副部长当即以个人名义写信报请李先念副总理，价拨给了公安部十台拖拉机，使无际的荒原，大面积地种植了小麦、玉米、大豆等，当年就大获成效。在那吃不饱肚子的几年中，农场为部机关工作人员提供了粮食、豆油，还分猪肉，不再去挖野菜吃了。

庐山会议见闻

1959年7月底，徐子荣突然接到中央办公厅通知，上庐山参加中央全会，我随徐子荣副部长登上了南下的专列。到了驻地，首长们住单间，房间里只有床、小桌和两把木椅。随员们住集体宿舍，十几人挤在一个大房间里。我们用餐吃的是粗米，每餐蔬菜下饭，能吃

饱肚子。最高级会议的生活如此清苦，是因为困难时期。

首长参加会议后，才得知是彭德怀出了"问题"，在会上遭到了批判。说他们反对三面红旗，被打成了右倾机会主义。一次会后，徐子荣副部长回到住处说："言语十分激烈，场外老远的停车场的司机都能听到。"从他的神态、表情明显表示他起码对那种批斗方式持反对态度。

会后的一天，徐子荣副部长被罗瑞卿部长叫去，他们交谈约一个小时。回到住所，徐子荣副部长讲了罗瑞卿部长找他谈话的内容。他说，中央决定罗部长到总参工作，公安部长职位，中央有意让他（徐子荣）担任。他又说，公安部不同于一般的部，自己只能当好助手。首都的大官、老总很多，有事通天，他顶不住。还说，彭总要搬离中南海住到别处，但待遇不变，原坐车可以带走。回北京后不久的一天傍晚，徐子荣、汪东兴副部长一行先到颐和园，等到夜幕降临，步行去看吴家花园（彭总住处）的周边环境。这里还比较安静，社会环境也不复杂，由中央警卫团负责警卫工作，大家觉得安全有保障。

高岗之死

1953年中央召开财经会议期间，高、饶篡党夺权的阴谋被揭露。为了尽快查清高、饶的问题，公安部奉命成立了专案组，由徐子荣同志分管。主要是查高岗有无里通外国的问题。

揭露高、饶问题后，中央对高岗的生活待遇没有任何改变，他和家人仍住在东交民巷老8号（一个外国驻华使馆旧址），警卫和服务人员齐全，每周末照例举办舞会。饶漱石的情况却不同了，他被送到了德胜门外功德林监狱。我曾随徐子荣副部长到狱中检查时看到过饶，他身体矮胖，还算健康。后来被释放，安置在秦城监狱外的平房住下。他国内没有亲属，只好找了个人照顾他的生活。再后来，因他年迈多病，病逝在医院。

高、饶专案是当时的"大案"，绝对保密，专案组所查到的每一进展情况，徐子荣副部长都要及时报告罗瑞卿部长，同时书面签名后呈报周总理，要我直送总理办公室主任李琦或总理的政法秘书王弘同志手中。

高岗第一次用手枪自杀未遂后，中央出于对他人身安全的关注，总理要公安部介入，加强对他的监护工作。徐子荣同志选派警卫局办公室主任赵光华到高的住处，全面负责此项工作。

1954年8月17日晨，我接到赵光华主任的电话，说"高岗死了"。徐子荣副部长立即乘车前往高的住处。据赵光华介绍，高岗死后，在他的床褥下面发现了安眠药片。徐子荣到高岗的卧室看了自杀现场。

当天，北京医院送来了关于高岗尸体解剖的报告，死因结论为服用安眠药过量而亡。"报告"是卫生部傅连璋部长用毛笔亲笔写的。徐子荣副部长要我将"报告"直送总理办公室。遵照周总理的指示，徐子荣同志负责处理高岗的后事。

当时，为保证高岗遗孀李力群及家人的安全，公安部协同中央组织部在北京市西城区的一个胡同里为李力群及家人找了一个四合院。徐子荣副部长当场叮嘱李力群："有事随时同我的秘书联系，"在返回途中，徐子荣副部长告诉我，高岗曾经坐火车去杭州活动过林彪。

处理信阳事件

1959年河南搞浮夸，高指标、高征购，成千上万的人被饿死，"信阳事件"是河南发生严重问题的缩影。更可怕的是消息被封锁，中央长期得不到信息。1960年11月，少奇同志指派公安部常务副部长徐子荣去河南参与查处"信阳事件"，中央派往的还有中央监察委员会书记王从吾，总参动员部部长傅秋涛，中南局书记陶铸、副书记王任重和粮食部、卫生部的负责人，似乎还有中央组织部部长安子文。云集郑州这么多高官，就足以表明河南灾情的严重和中央拯救死亡线上老百姓的决心。

中央工作组的当务之急是救人。中央从外地调运了大批粮食、红糖、红枣等食品和救急药品等救灾物资，派来许多医务人员，展开救灾工作，抢救挣扎在死亡线上的老百姓。死人统计数字报表，是王从吾书记亲自统计的，由中监委来的打字员打印，仅一式

5份，报中央有关领导。所发生的严重灾情，对外绝对保密。

王从吾、徐子荣都是河南人，对身受灾难痛苦的父老乡亲更加同情，在近一个月的紧张工作期间，两位领导一直愁眉不展，面孔深沉。后来，王从吾、徐子荣等人去灾害严重的潢川、固施、光山三县实地进行了察看。信阳地区被河南人称为鱼米之乡的"小江南"，然而，所到之处，一片凄凉景象。一路上不见田间耕牛，有人劳作，倒是看到许许多多新的坟头。县城十巷九空，城郊尸骨裸露，无人掩埋。乡村没有炊烟，百姓稀少。

"文革"中的爆炸新闻

1964年8月，组织上让我去山西临汾参加"四清"工作。从此我离开了朝夕相处12年之久也是我最敬爱的徐子荣副部长身边。1965年12月，徐子荣副部长从外地回来。我去看他时，他告诉我，当时他正在四川考察工作，是谢把他叫到上海去的。并说谢一向爱整人，在太行整风时就这样。他还说，他受命检查毛主席和林彪在南京、苏州、上海、杭州等地的常住处是否装有窃听器，参加检查的还有军队的一位负责同志。徐子荣副部长说，军队同志的意见是全部检查结束后综合向中央报告。徐子荣副部长认为问题非同一般，要检查一处，及时报告一处的结果，不能拖拉。我认为徐子荣副部长这样做十分主动。检查的结果，当然是没有发现安装窃听器的任何痕迹。

"文革"初期，1967年，在谢富治的唆使下，公安部造反派贴出了在毛主席身边安装"窃听器"的大字报，并予以见报，一时震惊全国上下，掀起了彻底砸烂公检法的浪潮，徐子荣及某局局长狄飞等同志相继被捕。当时公安部的掌权者们为证明"窃听器"问题的"真实"性，还精心布置了个展览，在一个食堂里展出。我是经手所谓"窃听器"问题的知情人，被勒令去参观。只见所有展品，包括中央办公厅机要室

主任叶子龙同志给徐子荣同志的来信统统密封摆在桌面上，只有展品的简单说明，而不见真实内容。

我把存档案处的"来文登记簿"先后找出来几次，指给造反派看，登记簿上明明白白写的是叶子龙同志给徐子荣同志来信请公安部代购录音机的事，在登记簿上一清二楚。李震（原沈阳军区副政委，"文革"初期任公安部副部长）在一次公安部职工大会上，点名说：邢俊生很小跟毛主席干革命，现在不跟了，至今立场不改变。从此我就升级为"黑帮"，挨斗抄家，关进"牛棚"，成为敌我矛盾的"反革命分子"。

更加令人啼笑皆非的是，无产阶级专政机关的最高领导人彭真，公安部前任部长罗瑞卿，副部长徐子荣、杨奇清、汪金祥、凌云、严佑民等，都被关进了他们亲自建造的监狱。实乃天下奇闻！徐子荣等绝食抗争，没死在北平国民党的监狱，没倒在浴血战斗的战场，却惨死在自己尽心建起的监狱。一位革命一生、热爱人民、可敬可亲、备受尊敬的"忠厚长者"，在监狱中被迫害致死，过早地离开了我们。

我一生最敬爱的徐子荣副部长，就这么悲惨地离开了人世。他的音容笑貌，他的为人，经常浮现在我的眼前和脑海之中。他是我永远缅怀的首长。

20世纪70年代末80年代初，河南豫西人民不忘当年、皮定均、徐子荣率领抗日先遣支队打败日本侵略者，建立抗日根据地和民主政权，救民于水火的丰功伟业，自发地募捐集资，在五岳居中的嵩山，修建了一座气势雄伟的革命烈士陵园。

1990年9月5日，徐子荣同志的儿子与皮定均同志的女儿将他们父亲的骨灰护送到登封革命烈士陵园

徐子荣子女在登封烈士陵园扫墓

徐子荣的夫人孟松涛及子女来登封扫墓

左七皮定均同志的夫人张烽，左二张程峰，左五宫寅，左六徐子荣之子徐清漳，左十、十一分别为皮定均之女皮卫平及丈夫

每逢佳节倍思亲，世上新人怀故人。每当清明节、青年节、烈士日，成群结队的青少年学生、部队战士、工人群众、机关干部等，排着长队，抬着花圈，擎着红旗，怀揣誓词，来到这里向英烈们学习，进行传统教育。

登封市的领导和群众一起缅怀先烈

皮旅老战士梁光印同志向祭奠群众讲述革命先烈的英雄事迹

2007年，时逢徐子荣百年华诞，纪念筹备组在有关方面大力支持和协助下，于4月2日在河南省登封市烈士陵园举行了隆重的"徐子荣百年诞辰纪念暨皮定均、徐子荣新碑揭碑仪式"。公安部俞雷副部长出席仪式并代表公安部讲话，公安部政治部、离退休干部局、河南省公安厅、河南省武警总队、中国人民武装警察8720部队（原181师），河南确山县、登封市政府的有关领导，以及公安局、促进会、民政局、汝州市部分领导群众，"皮旅"当年老战士，皮定均和徐子荣的亲属参加了仪式。纪念大会由登封市原市委书记，人大主任宫寅主持，徐清漳代表家属讲了话，并与8720部队丁晓兵副政委、皮卫华女士为皮定均、徐子荣新碑揭幕。

原公安部副部长俞雷同志代表公安部全体老干部专程到登封参加徐子荣同志的百年诞辰纪念活动（图中戴礼帽者为俞雷副部长）

武警8720部队原副政委丁晓兵（左二）代表老皮旅部队参加徐子荣政委的百年诞辰纪念，左三为皮定均之女

前言

1944年7月，中共北方局和八路军"前总"领导邓小平同志亲自向确定均，徐子荣下达挺进豫西，开辟抗日根据地，"绍毁中原"的战略任务是年9月。皮定均司令，徐子荣政委率领抗日先遣队冲破日伪顽的重重封锁，来到豫西，他们和豫西人民紧紧地结合在一起，打鬼子，建政权……与敌人开展了如火如荼地斗争，经过浴血奋战，开辟出了中国共产党领导下的第十九个，也是最后一个抗日根据地。战火中，他们不惜性命，救民于水火，与豫西人民结下了大比深厚的情宜，皮定均司令、徐子荣政委深受百姓的爱戴，他们的英雄事绩至今仍在豫西大地广为传扬……

2014年是徐支队挺进豫西七十周年，为了缅怀革命先烈的丰功伟业，继承和发扬他们的崇高爱国主义和无畏恺牲的革命精神，徐政委的后人将其家中珍藏的遗物，全部捐献给了登封革命烈士纪念馆。这些遗物在"文革"中横遭劫没，直到十年之后，才失而复得，可留弥足珍贵。登封革命烈士陵园和纪念馆专门辟出这个陈列室，用来展示徐政委的生平事迹。这些珍贵的革命文物，真实再现了徐政委对天下劳苦大众和社会的公平正义，历经无数苦难，九死不悔的崇高情怀；再现了徐政委在绝境和危难时刻，从容镇定、大智大勇的英雄气概；再现了徐政委率领千军万马征战四方，以摧枯拉朽之势横扫强敌的文韬武略；再现了徐政委为了共和国的安全日夜操劳，弹精竭虑，从未享受一天安生的日子，从未睡过一宿踏实觉的敬业与忠诚；再现了徐政委在人妖颠倒的"文革"年代蒙冤入狱，如风凰涅槃，捍卫了一个共产党人的清白与尊严。

鞠躬尽瘁，死而后已，徐政委的一生，是革命的一生、战斗的一生。他们所留下的"嵩山精神"、"皮旅精神"，非但没有过时，反而更加珍惜可贵，成为激励我们继承老一辈共产党人不忘初心、艰苦奋斗、淡泊明志、发奋图强的强劲动力，为实现中华民族伟大的强国之梦而不懈奋斗！

徐子荣同志简历

徐子荣 1907年12月7日出生，河南省确山人，1926年参加革命，1927年加入中国共产党。参加领导过三次确山农民暴动。历任中共县委书记、地委书记、省委秘书长、宣传部长、组织部长。在抗日战争和解放战争中担任过支队政委、旅政委、师政委、军政委等职。新中国成立后，任公安部办公厅主任兼人事局局长，副部长，常务副部长、党组副书记（行政五级）。国务院内务司法委员会副主任，全国人大和全国政协常委，第八届中共中央候补委员。一生两次入狱，1932年从事抗日反蒋活动被国民党当局关押在北平军人反省院，即北京草岚子监狱四年；1968年在人妖颠倒的"文革"中，遭受林彪、江青、康生、谢富治一伙篡党夺权分子的陷害，蒙冤入狱，一年后被迫害致死于秦城监狱。

1979年1月，中共中央作出决定，彻底为徐子荣平反昭雪，隆重召开了追悼大会。

2014年徐子荣同志生平事迹在河南登封革命烈士纪念馆展出

有关方面的代表出席徐子荣同志生平事迹展的开展仪式
一排左起：宫寅（登封老促会会长）、李质斌（原河南省副省长、公安厅厅长）、李广经（原河南省公安厅厅长）、张程锋（原河南省公安厅厅长、省人大副主任）、孟玉松（中国非物质遗产传承人、汝瓷制作大师）

河南省登封市市委、市政府领导同志认真聆听徐子荣的生平事迹

有关徐子荣革命事迹的部分书籍

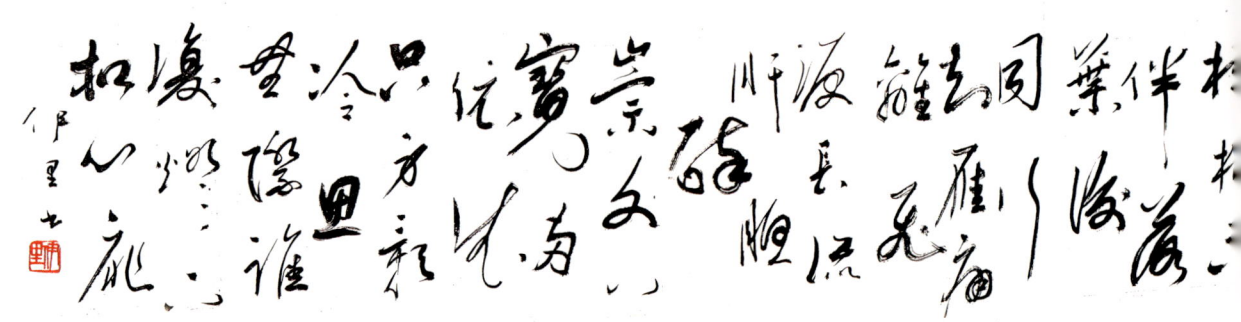

孟松涛词二首

诉衷情

任重道远偕白头，风雨永同舟，为使全球红遍，热血溅神州。

叱风云，几十秋。中妖箭，虽死尤生。涛涛江河，万古长流。

鹧鸪天

十年血泪万事非，英杰早西归。梧桐未伴青霜后，同行只雁痛离飞。

肝胆碎，泪长挥，崇文八宝两依依，孤身影冷思无际，谁复灯前扣心扉。

满江红

乔华堂

仰首伸眉，丹心照论列是非。铮铮骨，铁窗镣铐，何所惧畏！草岚秦城冰山滴，江河汾渭春涛飞。听嵩箕岱华歌缭云，唱峨巍。

急流进，中流砥，坚守信，持志归，碧血谱翰青，甘露霈霈，高风亮节凛天地，怀古智鎏执经纬。看长虹贯日浩气荡，口皆碑。

乔华堂原海军装备技术部副部长，八路军豫西抗日先遣支队老战士，1979年1月25日在徐子荣的追悼大会上，乔边饮泣，边追思边默吟，回到家连夜填写了这首《满江红》以寄托怀念之情。

悼念鲁言、子荣、锡奎、锡五、其梅暨"六十一人"案中殉国诸同志

冈 夫

铁窗共案斗沉沉，四十年来两世身。
冤狱昭平君独逝，征途新迈我独存。
驰驱并驾再难得，魂梦交游岂易寻？
悲痛陈词倍勉励，慰酬亡友未完音。

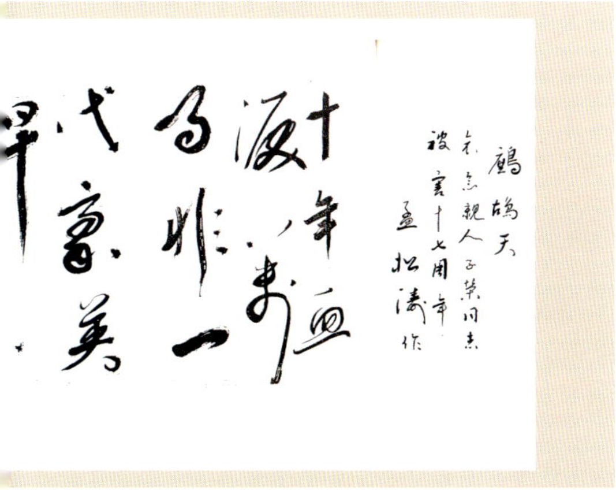

鐵窗共案斗沉沉
四十年來雨世身
冤獄蒙平君獨逝
征途新遙我猶存
馳驅並駕再難得
魂夢交進豈易尋
悲痛陳詞倍勉力
慰酬之友未完音

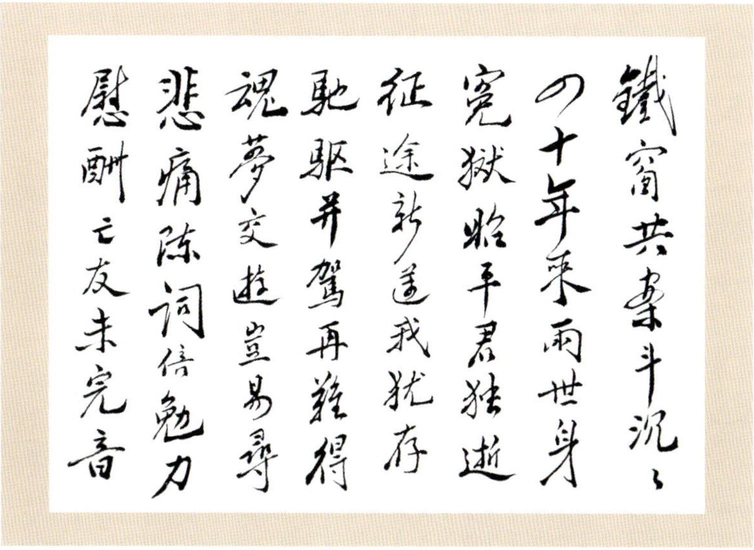

冈夫诗作手迹

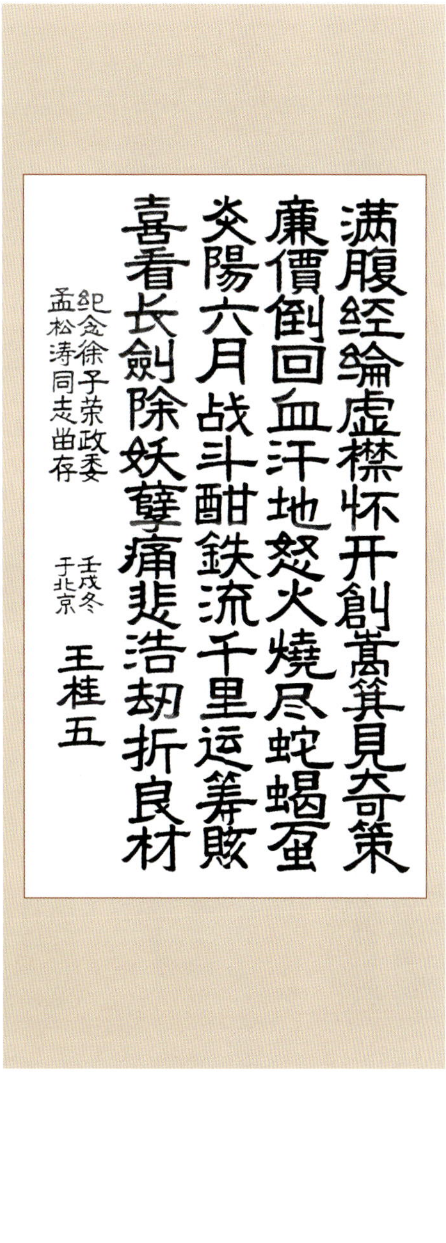

滿腹經綸虛襟懷開創萬箕見奇策
廉價倒回血汗地怒火燒盡蛇蝎蟲
炎陽六月战斗酣鉄流千里運籌貶
喜看长劍除妖孽痛悲浩劫折良材

紀念徐子荣政委
孟松涛同志曲存
壬戌冬
于北京
王梣五

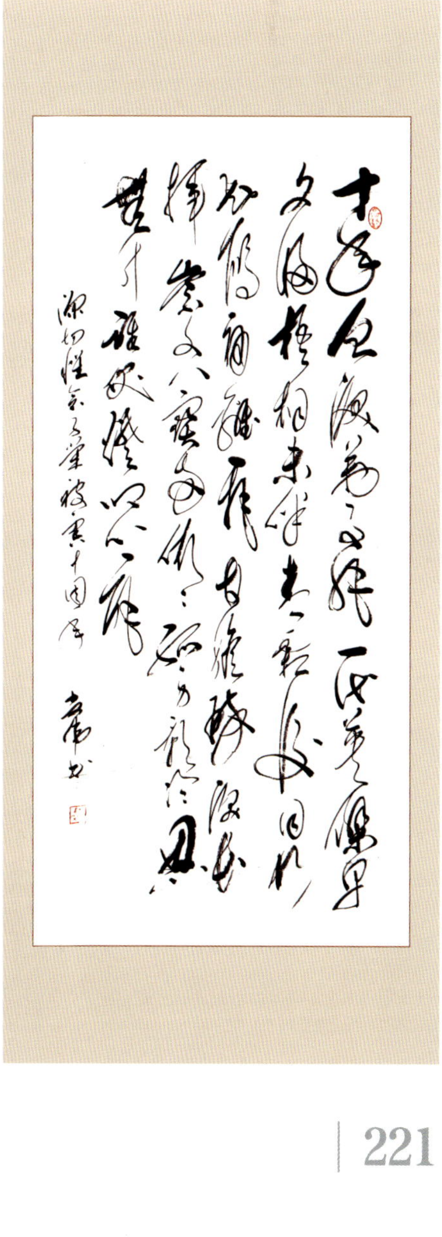

2012年9月，徐子荣的后人来到江苏省无锡市，拜访了武警8720部队（老皮旅），受到部队首长亲切会见。怀着崇敬的心情，徐子荣的后代参观了部队的军史陈列馆，深为这支英雄部队感到自豪和骄傲。

军史陈列馆规模宏大，以丰富详实的史料，生动展示了从1944年9月在太行山组建八路军豫西抗日先遣支队以来，近70年的辉煌历程。无论在抗日战争、解放战争、抗美援朝战争时期，还是在和平建设、改革开放的年代，这支英雄部队始终保持和发扬皮定均司令员和徐子荣政委亲手培养起来的"皮旅"精神，不畏艰难险阻，出色地完成了党和人民交给的重任。

"皮旅"精神，已成为这支部队的军魂。

豫西登封，烈士纪念馆

黄河渡口杜八联，向运送支队的船工致敬

伊川，向牺牲的县委书记、县长两位烈士敬献花篮

河北涉县，太行五分区

豫西偃师，抗战无名烈士墓

山西左权，八路军总部

豫西巩义，小关镇

2016年5月，"中原突围"胜利70周年之际，皮旅后人重走父辈战斗征程，历时15天，途径七省、行程5000公里。所到之处，受到当地政府和人民群众的热情欢迎。

豫西偃师，烈士纪念馆

湖北大悟宣化店，中原突围纪念馆

六安市纪念"中原突围"70周年座谈会

安徽金寨，参加中原突围座谈会

湖北大悟，中原突围纪念碑

安徽霍山，青风岭、磨子潭战斗纪念碑
青碧涛（中立者）即在此降生的，时逢青风岭激战正酣，故幼称"突突"

安徽霍山，青风岭烈士纪念碑

山东沂蒙，孟良崮战役纪念馆

江苏无锡，武警181师（原皮旅）

徐子荣画像

原浙江省委副书记梁平波作

中國共產黨優秀黨員堅定的共產主義戰士豫西抗日根據地創建者皮旒軍魂鑄造者共和國忠誠衛士公安保衛戰線卓越領导人

睢根尚書

中华嵩洛乾坤书画院院长、河南省直机关书法美术家协会副主席、豫西抗日根据地皮徐支队司令部所在地登封市白坪乡原乡长睢根尚书题

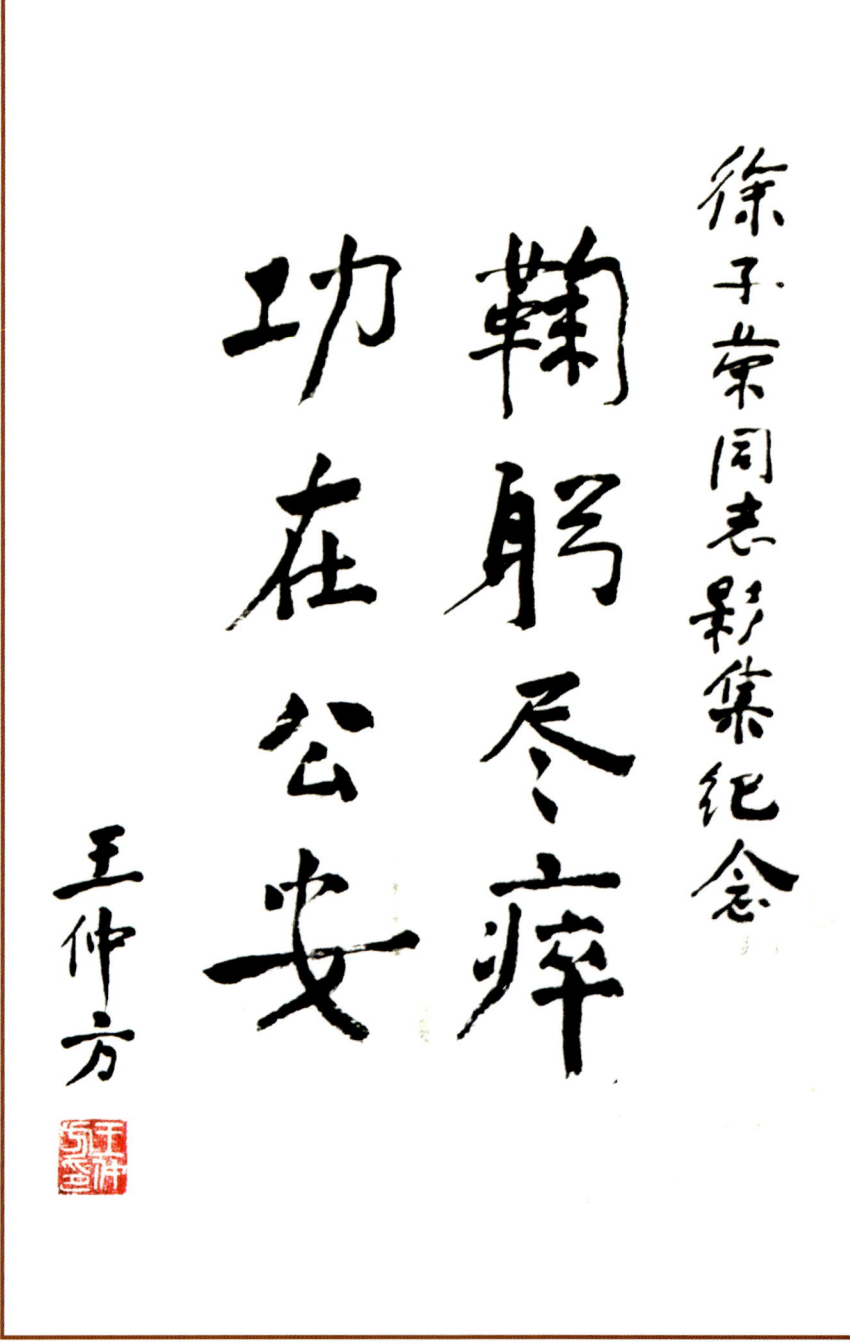

徐子荣同志影集纪念

鞠躬尽瘁 功在公安

王仲方

鞠躬尽瘁 功在公安

原公安部部长罗瑞卿政治秘书、青海省委副秘书长、公安部
咨询委委员、中国法学会会长王仲方93岁题辞

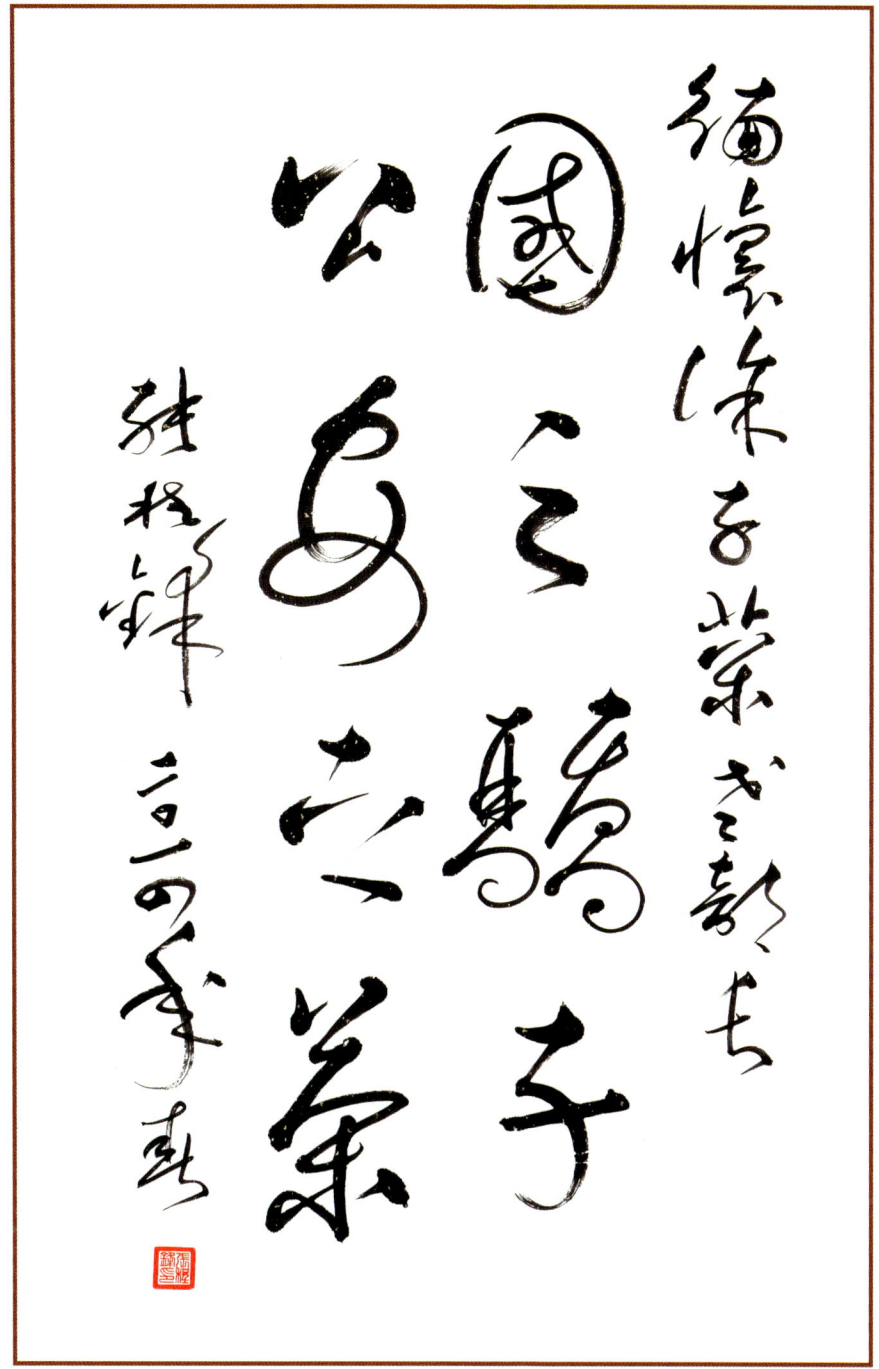

国之骄子　公安之荣

原河南省公安厅厅长、省人大副主任张程锋在
2014年河南省登封市革命烈士纪念馆徐子荣同志
生平事迹展揭幕仪式上的题辞

十四　徐子荣生平大事年表

（1907-1969）

1907年

12月1日，诞生在河南省确山县古城乡傅楼村一个家道中落的地主家庭。

1918年（11岁）

读私塾，结识了同学马尚德（即杨靖宇）。

1922年（15岁）

秋，考入确山县第一高等小学。

1924年（17岁）

秋，考入开封省立甲种农业学校。受父母之命与县城姓张的大户人家的闺女完婚。

1925年（18岁）

在学校结识了进步同学，阅读革命书报，参加悼念孙中山活动和"五卅"抵制日货的反帝斗争。

1926年（19岁）

10月，国民革命军进军河南。响应中共豫西执委会动员在开封上学的党团员和进步学生回乡开展农民运动的号召，弃学回乡。

1927年（20岁）

2月，参加确山县农民代表大会，积极从事农民协会的工作。

7月，经李鸣岐介绍参加中国共产党。

11月，参加刘店秋收起义。

12月，革命转入低潮，确山县农民军向信阳方向转移。徐子荣留在刘店、红沟庙一带继续坚持斗争。

1928年（21岁）

2月，任中共确山县委宣传部部长。

4月，任中共确山县县委书记。

1929年（22岁）

春，在白色恐怖下被迫离开家乡，转移到开封。经李鸣岐同意，分散到北平隐蔽。育有一女，名叫萍兰。

秋，考入北平郁文大学，后转学到民国大学。

1930年（23岁）

上半年，由同学李光勋介绍参加北方"左联"。常在报刊上发表短文。经学校地下党审查，恢复了党的关系。

1931年（24岁）

11月至12月，平津各界呼吁国民党政府出兵抗日。徐子荣参与领导民国大学学生南下请愿活动。

1932年（25岁）

8月1日，参加反蒋示威集会。在西单附近被宪兵侦缉队逮捕。10月，被判有期徒刑六年。移送草岚子监狱服刑。

1933年（26岁）

3月，在狱中党支部的领导下，同国民党特务头子刘建群、曾扩清对政治犯进行"悔过自新"审查作坚决的斗争。

1934年（27岁）

12月9日至15日，参加狱中党支部领导的要求改善生活待遇的绝食斗争。

1935年（28岁）

阅读马克思主义书籍。利用为重病号难友端屎端尿、洗涤衣服的机会，传递信息。协助"生活委员"赵镈，为难友服务。

1936年（29岁）

9月，经中共中央北方局营救出狱。10月受北方局组织部派遣，去河南寻找确山竹沟党的组织。并在家乡与原妻离婚。

1937年（30岁）

4月、5月，被派往山西，先任中共太原市委委员，继任中共山西工委秘书长，协助薄一波工作。

11月，随李雪峰到晋南检查工作。

1938年（31岁）

1月，任中共冀豫晋省省委宣传部部长。

12月，与孟松涛结为伉俪。

1939年（32岁）

11月12日，代表中共晋冀豫区党委在辽县芹泉镇举行的各界人士座谈会上谈话。号召各界、各阶层抗日人士"坚持山西进步、执行阎司令长官一切进步主张，反对口是心非、阳奉阴违的顽固分子"。

1940年（33岁）

春，响应党中央开展大生产运动的号召，带领机关干部到生产第一线去。动员孟松涛下放农村，与群众同甘共苦，发展生产，支援前线。

秋，任中共晋冀豫（即太行区）区党委组织部部长。

1941年（34岁）

日寇对太行实行"治安强化运动"。区党委领导一班人深入基层，武装群众，到敌人后方去骚扰、袭击敌人。

1942年（35岁）

秋，调任中共太行五地委书记兼太行第五军分区政委。

1943年（36岁）

上半年，领导太行第五分区干部的整风运动。

下半年，第五分区气候反常，先旱后涝，大批蝗虫从敌占区蔓延过来。徐子荣亲自挂帅，成立剿蝗总指挥部，党政军民一齐动手，历时三个多月，获得灭蝗胜利。随后派出大批干部，到灾情最严重的地方，带领群众生产自救。

1944年（37岁）

6月30日，中共北方局和八路军总部决定，组织八路军豫西抗日先遣支队，皮定均任司令员，徐子荣任政委。

7月12日，同皮定均到左权县麻田镇八路军总部接受任务。经过充分准备，9月5日誓师出发，22日平安渡过黄河，12月底到达以嵩山为中心的目的地。

1945年（38岁）

2月7日，孟松涛在涉县香塘埔村清漳河河畔生一男孩，取名徐清漳。

8月，日本投降后，国共两党举行重庆和平谈判。党中央以民族利益为重，命皮定均、徐子荣支队撤离豫西，南下桐柏，与李先念率领的五师会合。编为第1旅，皮定均任旅长，徐子荣任政委。

1946年（39岁）

6月24日，中共中原局和中原军区根据党中央的指示，由李先念率主力部队突围，留下皮定均、徐子荣旅作掩护。8月，皮定均、徐子荣旅完成掩护主力突围任务后，转战24昼夜到达苏皖军区（即华中军区），改编为华中野战军第13旅。皮定均任旅长，徐子荣任政委。后奉命向苏北开进。

1947年（40岁）

1月，13旅改编为华东野战军独立师。

5月12日，与方升普师长一道参加华野1纵司令部的作战会议，领受围歼敌74师的任务。年底，率独立师千里跋涉，从华东战场转战华北战场。奉晋冀鲁豫军区命令，编为华北野战军第13纵队。曾绍山为司令员（未到任），徐子荣为政治委员，鲁瑞林为副司令员，袁子钦为副政委，郭林祥为政治部主任。

1948年（41岁）

春，在徐向前的指挥下，参加临汾战役、晋中战役。又挥戈北上，将太原城外围敌人的阵地全部摧毁。

1949年（42岁）

2月，13纵队按中国人民解放军统一序列，编为步兵第61军。军长韦杰、政委徐子荣。

6月12日，参加咸阳阻击战，打败号称"马家军"的马继援的骑兵进攻。

9月17日，孟松涛在北京生一女，取名徐涓涓。

10月18日，奉中央军委调令离队启程，赴公安部报到。

11月16日，政务院批准中央公安部组织机构。设办公厅、一局、二局、三局、四局、五局、六局（人事局）和中央公安干校。

11月，被任命为办公厅主任兼人事局局长。

1950年（43岁）

1月5日，经中央批准成立中共公安部党组，罗瑞卿为书记，杨奇清、徐子荣、雷荣天、邓少东、蔡顺礼、卓雄为党组成员。

1951年（44岁）

6月，为贯彻第三次全国公安会议的决议，率中南视察组（下辖五个分组）去中南地区视察。

1952年（45岁）

2月7日，被任命为中央公安部副部长（行政五级）。

9月9日，被任命为中共公安部党组副书记。

上半年，着重抓公安系统的反贪污、反浪费、反官僚主义的"三反运动"。下半年，主要抓全国肃禁烟毒的斗争和纠正少数公安人员刑讯逼供等违法乱纪行为。

1953年（46岁）

2月，主持党组会，决定公安部成立政治部（原人事局撤销），由徐子荣兼任主任。10月18日，在第五次全国公安会议上通过了《关于建设公安部门政治工作的决议》。

1954年（47岁）

1月，受罗瑞卿部长的委托，负责起草第六次全国公安会议文件。5月17日，"第六次全国公安会议"开幕，6月17日结束。8月18日中央批准三个文件。

9月，任第一届全国人民代表大会代表。

1955年（48岁）

12月12日至24日，公安部召开第七次全国公安会议，罗瑞卿部长作《第六次全国公安会议以来的主要工作情况和1956年全国公安工作计划中的几个问题》的报告。徐子荣作《关于保卫农业合作化决议（草案）》的说明。

1956年（49岁）

3月，视察江苏、浙江镇反后的敌情变化及有关政策的问题。

5月26日，中央政法小组决定，成立检查积案五人小组。张鼎承任组长，徐子荣任副组长。

9月27日，在中共第八次全国代表大会上，当选中央委员会候补委员。

1957年（50岁）

6月，应苏联国家安全委员会主席谢洛夫的邀请，经周恩来总理批准，于6月1日携夫人孟松涛赴莫斯科治疗结核病，10月22日返回北京，向党组写了《在苏联养病中的观感》，反映了在苏联期间治疗、参观、生活等情况。

1958年（51岁）

3月，受罗瑞卿部长指派，赴郑州主持河南、河北、山东、山西公安厅长座谈会。徐子荣根据罗瑞卿部长和其他党组成员的意见，在总结公安大跃进经验时说，某些口号、指标，虽对鼓足干劲、振奋人心起了很大作用，但进一步看，"几无"口号缺乏伸缩性，不科学。

6月23日至8月16日，公安部召开第九次全国公安会议。罗瑞卿部长作了《关于九年斗争总结的几个问题》的报告。徐子荣作了《当前斗争与今后工作部署》的报告。提出以安全运动这个总口号来代替"几无"口号。

1959年（52岁）

1月31日，参与中央修改《关于当前对敌斗争中几个政策问题的规定》。明确指出，对罪犯实行"少杀、少捕，管制也要比过去少"的政策。

3月6日至19日，在江西、福建视察。反复强调，敌人经过多次打击，敌我斗争形势缓和了。

4月，任第三届全国政治协商会议常务委员会委员。

6月10日，在华北、东北地区公安片会上作总结时指出，这一时期的特点，是人民内部问题突出，主要表现在粮食、市场和干群关系紧张上。这些问题是大跃进中的暂时困难，通过调整与安排是可以解决的。

9月24日，在欢送罗瑞卿、欢迎谢富治的公安部全体干部大会上讲话，指出：罗瑞卿副总理一贯坚持公安工作必须服从党中央、毛主席和各级党委的领导。这不是一般的服从，必须是把公安工作实际上置于党的绝对领导之下。罗瑞卿副总理一贯坚持公安工作必须走群众路线，避免犯神秘主义、孤立主义的错误。罗瑞卿副总理一贯坚持公安工作必须政治挂帅，公安机关和公安人员必须和群众打成一片。中央经常指示，罗瑞卿副总理也经常告诫我们，必须把公安机关和公安人员建设成"敌人惧怕、群众喜爱"的坚强的公安队伍。

1960年（53岁）

2月11日至27日，在公安部召开的第十次全国公安会议作总结发言。着重对"把对敌斗争搞得紧一点"的方针作解释。指出紧的标志是"内紧外松"。即打击现行要紧，改造要紧，侦察控制要紧，一切工作要紧。

8月中旬，在部长联席会上，指出公安工作的成绩必须肯定，但"一个指头"的问题决不能马虎。专政机关要搞纯。

1961年（54岁）

2月14日至3月6日，受党组委托，代表公安部在第十一次全国公安会议上作报告。

3月31日，主持党组会，听取刘复之汇报邓小平同志传达中央广州会议精神时，提到公安人员违法乱纪的问题严重，必须迅速纠正。

5月，刘少奇同志在湖南视察中总结三类社队的教训时，提到了公安机关的问题。徐子荣立即组织在家的副局长以上的同志学习。着重就三个问题进行讨论。即公安机关服从党委领导和坚持原则的关系；公安机关服从同级党委领导和服从上级党委领导的关系；公安工作权力的集中与分散问题。徐子荣将讨论的意见书面上报中央、下发各省市区公安厅、局长阅。

1962年（55岁）

2月17日，召集公安部副局长以上同志学习中央"七千人大会"的精神，带头以批评自我批评方式总结这几年工作上的经验教训。

1963年（56岁）

2月17日，在湖南蹲点，给党组写了题为《长沙春华公社宣读两个"十条"以后对敌人开展说理斗争的情况反映》。党组批转各地。

1964年（57岁）

3月18日，在第十三次全国公安会议上作总结发言。指出这次会议是根据毛主席指示召开的。毛主席对公安工作、肃反工作提出了新的任务、方针和政策。即阶级斗争出现了新形势，要依靠群众力量，加强人民民主专政，把绝大多数四类分子改造成为新人；不仅在内部，也对社会主义教育运动中揭发出有破坏活动的四类分子实行"一个不杀，大部不捉"的政策；运用说理斗争制服敌人的办法；一切工作都要依靠群众去做；在各条战线上都推广运用群众路线的方法。

12月，任第三届全国人民代表大会常务委员会委员。

1965年（58岁）

上半年，率公安部代表团访问朝鲜。

6月11日至7月6日，在第十四次全国公安会议上作《关于政治工作的报告》，着重阐述了关于依靠群众专政，矛盾不上交的理论与实践问题。

7月，兼任国务院内务办公室副主任。

12月18日，在重庆主持召开西南公安片会。

1966年（59岁）

2月15日，派往上海等地检查安装"窃听器"的问题。

5月31日、6月6日，谢富治在公安部大礼堂作开展"文化大革命"的动员报告，把斗争矛头引向徐子荣。

12月11日，宣布徐子荣撤职查办。

1967年（60岁）

1月5日，徐子荣被逮捕。监禁在秦城监狱。

1969年（62岁）

6月20日，冤死狱中。

1979年

1月25日，中共中央在全国政协礼堂为徐子荣等五位同志召开平反昭雪追悼会。中共中央副主席李先念主持追悼会，中共中央秘书长胡耀邦致悼词。纠正了过去对徐子荣一切诬蔑不实之词，肯定了徐子荣一生为党为人民所作的无私的奉献，在全党全国范围内恢复了徐子荣的名誉。

后记

　　《徐子荣画传》编撰五年，今日始得出版，值得庆贺。恰逢今年又是徐子荣同志诞辰110周年，值此深表对他的缅怀和纪念。

　　画册中图片收集主要来自徐子荣家中的老照片。"文革"中徐子荣遭受迫害，家被洗劫一空。直到平反昭雪，这些照片才失而复得。

　　当年徐子荣率八路军开辟豫西抗日根据地，老区人民心中一直牵挂不忘。为怀念牺牲在这片土地上的烈士，他们在极度艰苦清贫条件下，硬是"砸锅卖铁"，建起一座气势宏伟的烈士陵园，将散落在荒山野岭的几百名烈士遗骸重新安葬，还把皮定均、徐子荣两位支队领导的骨灰迎入园内。老区人民的义举深深打动徐子荣的后人，为了感谢老区人民的深情厚义，他们决定将徐子荣的遗物全部捐献给登封革命烈士纪念馆，其中徐子荣的照片引起公安部领导和许多老同志关注，认为应该整理出版。为了编好这本画传，使其成为有历史价值的文献资料，编者又作数次寻访，补充了很多新内容，初步形成这部兼具纪念和有历史参考价值的大型画传。鉴于编者水平和条件所限，其内容难免存在欠缺和舛误，欢迎读者指正。

　　本书的出版得到了公安部领导同志以及相关单位、个人的关心、帮助。他们是：国家图书馆，公安部办公厅、档案馆、第一研究所、群众出版社，武警181师，河南省公安厅，河南省登封市委市政府、老促会、民政局、革命烈士纪念馆，广州恒盛投资有限公司，圣盈信集团（CIFS），河南省汝州市玉松汝瓷公司等单位。

　　朱琳、郭林祥、刘复之、王仲方、陶驷驹、俞雷、周和平、张程锋、梁平波、邢俊生、胡家福、韩鹏、刘红燕、唐军祺、郭华、赵冬宁、白玉生、陈锡春、张桂柏、丁晓兵、史伯红、杨国强、宫寅、王花冉、范新杰、耿文国、苏跃坤、梁建伟、荣文新、梁光印、刘玄琴、睢根尚、曹菊安、董晟、秦志华、孟玉松、曹海涛、屈百万等同志。

　　还有，副主编郝大勇同志长达数年不辞辛劳、认真负责的工作，好友郑有权、林建欣、王如宝的鼎力相助。在此，一并向他们深表敬意和感谢！

编　者
2017年9月